青春文庫

「続けられる人」だけが人生を変えられる

ダメな自分がなりたい自分になる“1分ノート”

大平信孝

青春出版社

まえがき

この本は、たった1分間で「続けられる自分になる方法」を書いた本です。

「やるぞ！　と決意したのに、すぐに諦めてしまう」
「年初に今年こそ！　と決意したことなのに、1カ月後には忘れてしまった」
「英語の勉強をやろうとしたけれど、3日でやめてしまった」

そんな経験をしたことはありませんか？

私は、これまで1万2000人以上の方々の行動を加速させるお手伝いをしてきました。その一環として、『本気で変わりたい人の行動イノベーション』（秀和システム）、『先延ばしは1冊のノートでなくなる』（大和書房）など8冊の本を出版しました。

なかなか行動に移せなかったり、やるべきことをいつも先延ばしにしたりしてしまう方々が、実際に変わっていくのを見てきました。

何かを決意し、最初の一歩を踏み出し行動する人は、実は少ないのです。

そして、行動を始めること以上に、「続けることが難しい」と感じている人はとても多いのではないでしょうか。

実際に、私のところに相談に来られる方のなかにも、一歩踏み出したにもかかわらず、「続けられない」「三日坊主で終わってしまう」「やると決めたことを習慣にできない」という方が、少なからずいらっしゃいます。

行動することは何よりも大切です。

そして、それを何かしらの「結果」につなげるためには、

「続けられるかどうか」

が重要なのです。

逆にいえば、結果が出るまで続けさえすれば、あなたが望むことは実現できます。

◆続けられる人が、すべてを手に入れる

「パレートの法則」をご存じでしょうか？

「80：20の法則」とも呼ばれているもので、元々は「売上の8割は全顧客の2割が生み出している」など経済事象を解説するために使われていた法則です。今では、人間の心理や行動を解説する際にも用いられるようになってきています。

以前、私の尊敬する先輩が、「パレートの法則」にひもづけて、「行動し続ける人の割合」について話をしてくれたことがあります。

その内容は「『行動』という観点でも、『パレートの法則』は当てはまる」というものでした。

たとえば、「こういう行動をしたほうがいい」と100人がセミナーで教わったとします。そのうち「すぐに行動に移す人」は全体の2割、つまり20人ほどです。

では、その20人のうち「行動し続ける人」はどのくらいいるかというと、そのなかのさらに2割。たった4人しかいないそうなのです。

100人のうち96人は、「続けない」のです。

だから、「続ける」だけで4％に入れてしまうのです。続けられる人だけが、望む成果を手にすることができます。

実際、ほとんどすべての成功者は、習慣を味方にしています。実は成功するかどうかと、才能や知識、能力、意志の強さとは関係がありません。

結局「続けられる人」がすべてを手に入れるのです。

自分との約束を守り、やると決めたことを、実行すれば必ず結果は手に入ります。

◆「続けられない自分」から「続けられる自分」に変わる方法

そうは言っても、こう思う方もいるかもしれません。

「でも、その『続ける』のが一番難しいんだよ」

たしかにその通りです。

でも、ご安心ください。現在私は、目標実現の専門家として、本気で変わりたい方のサポートをしていますが、実は、以前の私は何をやっても続けられない人の典型でした。

いろんな理由をつけて、すぐに行動をやめてしまうタイプだったのです。正確に言えば、私の場合は「どうでもいいと思っている『行動』は続けられるのに、自分で大事だと感じている『行動』は続けられない」状態でした。

就職活動に失敗し、職を転々とした20代。

「どうして自分は仕事も英語の勉強もジム通いも続けられないのだろう？」
「他の人が普通にできることが、なぜ自分にはできないのだろう？」

と、自分を責め続け、苦しみ続けました。

ある日、妻から「軸なし！」と叱られたことをきっかけに自分を真摯に見つめなおし、アドラー心理学をベースにしたコーチングに出会いました。しかし、そのコーチングの練習すら続かず、またそこでも「続けられない自分」に悩みました。

そんななか、本書でご紹介する習慣化のある法則に気づいたことで、

・メルマガ配信を8年
・瞑想
・朝のコーヒータイム
・1日1冊の読書
・筋トレ
・朝晩のセルフコーチング

などが、続けられるようになったのです！

今回「続けられない自分」を「続けられる自分」に変える秘密の方法を公開します。

「何をやっても続かない」
「飽きっぽい」
「意志が弱い」

そんな自分だから続けるのは無理と思っているのなら、その考え方はもったいないです。

「自分は結局何をやっても続かない人間だ」と思っていると、実際に何をやっても続かなくなります。

続かないのはあなたが悪いのではありません。

ただ、やり方やマインドセットが違っているだけなのです。

詳しくは本書で述べていきますが、「未来アンカリング」というメソッドで、あなたは続けられるようになります。

これは、アドラー心理学をベースにしたセルフコーチングメソッドで、多くの人がすでに実践し、行動を習慣に変えてきたシンプルかつパワフルな方法です。

想像してみてください。筋トレ、勉強、朝活、早起き、読書、ジョギングなど、あなたが続けたいと思ったことを着実に続けられるようになるとしたら、どんな毎日が待っているでしょうか。

また、夢や目標を実現するために「やる!」と決めたことを、「続けられる自分」になったら、今まで諦めていた夢をどれだけ簡単に実現していけるでしょうか。

この本の内容を実践することによって、
「楽しく」「簡単に」「1日1分で」
あなたが続けたいと思ったことを、習慣化できるようになります。

これまで何度やっても「続かなかった自分」を変えることができます。アリストテレスの言葉にもある通り、人は習慣でできています。自分を成長させるのも、夢を実現させるのも、仕事で結果を出すのも、習慣なくしてはたどりつけません。

ぜひ本書を最後までお読みいただき、実践してみてください。
「続けられる自分」になって新たな道を歩み、本気で人生を変えたいと思っているあなたに、
「行きたい未来に指をさし、一歩ずつ着実に進んでいけば、夢は実現する」

これが、本書を執筆しながら私が一心に込めた思いであることを最後にお伝えし、まえがきの結びとします。

大平信孝

もくじ

「続ける人」だけが人生を変えられる

第1章 「続けられない自分」を変えられない理由

第2章 続けられる自分になれる方法とは

第3章

習慣を変えるその前に、自分を大切にする

第4章 習慣化ノートのつくり方

第5章

一冊のノートで人生を変えられる理由

第6章
「習慣化」を加速させる方法

＊本書は、２０１５年11月にフォレスト出版から刊行されました『「続けられない自分」を変える本』を文庫化にあたり大幅に加筆・修正し、新規原稿を加えて再編集したものです。

カバーイラスト／iStock/FrankRamspott
本文イラスト／せとゆきこ
図版・DTP／フジマックオフィス

第1章

「続けられない自分」を変えられない理由

96％の人が越えられない壁

あなたが今「習慣」にしたいことはありますか？

・筋トレ
・英語の勉強
・ランニング
・日記
・早起き
・読書
・瞑想

……など、なんでもかまいません。きっと、ほとんどの人が「○○をやってみよう」「スキルアップのために○○の勉強をしてみよう」「毎日腹筋を30回やろう」などと、何かしら決意したことがあるはずです。

あなたは決意を行動に移し、それをやり続け、習慣にできているでしょうか？

もしも、あなたが「結局、続けられずに挫折した」という経験を持っているとしたら、ぜひ本書を最後まで読んでみてください。

本書は、「本気で変わりたい」と思っている人のために、「習慣化するためのシンプルな方法」を書きました。

私は、目標実現の専門家として、**「続けられない、自分に自信が持てない、つい先延ばししてしまう、変わりたいのに変われない、突き抜けたい、もっと成長したい」**、などと悩む人に対して、「夢や目標に向かって、着実に一歩ずつ前進する人生」へと舵を切るお手伝いをさせていただいています。これまでに1万2000人以上の方たちの行動革新・習慣化のサポートをしてきました。

最初の一歩を踏み出した人にとって、次の壁が「行動を習慣に変えること」。この壁を越えられない方が、実はものすごく多いのです。

やりたくないことなら続けないほうがいい

「読書する習慣を身につけたい」
「健康と体型維持のために筋トレを続けたい」
「英語を話せるようになりたいから、毎日勉強したい」

など、多くの人が日々、新しい習慣を手に入れようと考えます。
しかし、習慣化をするために、もっとも大事なことがあります。

それは、

「本当に習慣化する必要があるか？」

ということです。

「これいいよ」と人にすすめられたり、テレビやネットなどで取り上げられ話題になったものを、「これいいかも」と思って、手当たりしだいに習慣化しようとする人がいます。

たとえば、次のような人です。

「普段英語をまったく使わないけど、英語を話している友人がかっこよかったから、自分も英語をペラペラ話せるように英会話の勉強を始めてみた」
「久しぶりに再会した友人が筋トレをしていてイキイキしていたので、なんとなく筋トレをしたくなった」
「特に書くことがあるわけじゃないけど、起業して活躍している先輩の話を聞いて、とりあえずブログを始めた」

自分にとって本当はどうでもいいことを続けるのは、本末転倒です。

本気でやりたいこと、必要なことではないので、当然挫折する可能性が高くなります。

仮に続けられたとしても、自分が心底望んだことではないと、それほど嬉しくないし、達成感も少ない。先ほどの例でいえば、頑張って勉強を続けて英語を話せるようになったとしても、そもそも英語を使う機会がないため、なかなか効果を実感できません。

一方で、自分にとってたいして大事なことではなかったとしても、習慣化に失敗すると、「こんなことも続けられないなんて……。やっぱり自分は意志が弱いし、ダメダメなんだ」と思ってしまうことがあります。以前と客観的状況は何も変わらないのに、自信を失ってしまったわけですから、結果的にはむしろマイナスです。

今思えば、何をやってもうまくいかなかった「もがきの10年」のときの私がそうでした。「このままではまずい」という不安と焦りから、やるべきことを見極めずに、片っ端から続けようとして失敗していました。そして、その度に、自信も勇気も自己肯定感も失っていきました。

なんでもいいから習慣化するのではなく、あなたにとって本当に大事なこと、意味のあることを習慣化するのがポイントなのです。

続けられなかった人の後遺症

習慣化に失敗すると、失敗そのもの以上に負う「代償」のほうが大きいのです。

それは、「自分を責める」ということ。

たとえば、

「また昨日も筋トレができなかった。自分はなんて意志が弱いのだろう……」

「いつも、何をやっても続かない……」

「また、お金も時間も無駄になっただけ」

「こんな後味の悪い思いをするくらいなら、早起きに挑戦しなければよかった」

などと、必要以上に自分を責めてしまい、自己不信に陥ってしまうことすらあります。

同じような経験は私にもあります。

私は、何をやっても続かない人間でした。仕事も例外ではありません。サラリーマン時代は、いくつもの仕事を転々としていたのです。

あるとき、私は税務専門誌の編集の仕事をしていて、「論文を書けるレベルになれば、もっと収入が上がるはず」と思いました。そこで、税関連のテキストを購入したり、専門学校に通うことにしました。

しかし、始めたものの、一向に勉強は進まず、「勉強をやってはやめ、また始めては挫折する」を繰り返し、結局、専門学校からも足が遠ざかってしまいました。

そうかと思うと、まったく別のセミナーに興味を持ち、さまざまなことを学びに行き、何かを決意しては、すぐに挫折するのを繰り返していました。また、英語を勉強したいと思って、英語学習を始めても続くことはなく、どんどん自分に自信をなくしていったのです。

気がつくと、

「結局、自分は何をやってもダメなんだ……」

「飽きっぽい自分は、何をやっても続かないんだ」

「こんなことすら続けられないなんて、なんて自分はダメなんだろう……」


と思うようになっていたのです。

あなたにもそんな経験はありませんか？

自分を責めるのはもうやめよう

「どうしてほかの人にできることが、自分にはできないのだろう？」

「毎日読書すると決めたのに、３日も続かないなんて……」

「自分の意志の弱さはどうしようもない」


このように、自分を否定するクセがついてしまうと、自分の能力や可能性全てを否定し始めます。

自分は意志が弱い、なまけものだ、ダメダメだ……などと、心のなかで自分を罵

り、ついには自分を信じられなくなります
こうなってしまうと、何をやってもうまくいきません。
ダメな自分であることが常態化してしまい、

「続かない自分は当たり前」

「どうせ無理」


などと、考えるようになってしまいます。

「続けられない自分」「飽きっぽい自分」「意志が弱い自分」を責めることに意味はありません。私自身が痛感したことでもありますが、自分をいくら責めても、続けられるようにもならないし、自信が回復することもありません。

ですから、あなたがこれまでに「続かなかった」「習慣化できなかった」という経験があったとしても、一度、すべて忘れてください。仕切り直ししましょう。

今から考えるべきは、

「どうすればできるだろうか？」

それだけでいいのです。

あなたにとって「本当に重要なこと」を続けよう

「たいしてやりたくもないこと」や、「自分にとって重要でもないこと」の習慣化は、失敗や自分を責めることにもつながります。

だから、あなたにとって大切でないことを続けようとすることは、今日からやめましょう。今すぐ、諦めてしまえばいいのです。

続けられる自分になるために大切なのは、

「あなたにとって、人生のカギになることを習慣化すること」

です。

私は人生のカギになる習慣のことを「キーハビット」と呼んでいます。

ひとは、「自分の人生を左右するもっとも重要なこと」を達成するための習慣なら続けられるのです。


人生は思いのほか短い。

一日のうちにできることも限られています。

いつも余裕があって、どんどん新しいことに挑戦できる余力のある人ならいいでしょう。

しかし、ほとんどの人はそうではないはずです。仕事や勉強、家事、プライベートの時間など、すでに1日のタイムスケジュールはほかの予定で埋まっていると思います。

そんな人が、「たいしてやりたくもないこと」を続けるのは、ほとんど不可能に近いでしょう。しかも、自分にとって重要でないことで、自分を責め、自信を失っていくのは本当にもったいないことです。

習慣化を成功させるには、続けようとしていることが、あなたとって重要な「キーハビット」かどうかをまず見極める必要があるのです。

習慣を味方にできる人が、人生を変えられる

そもそも、「なぜ、続けなければいけないか」という話をしておきます。

その理由は、習慣を味方にすれば、夢や目標が加速実現できるからです。

私は目標実現の専門家として、「なかなか行動に移せない」という方のサポートをさせていただいています。

行動することは、夢や目標を達成する第一歩になります。そして、夢や目標が高

ければ高いほど、次に大事になってくるのが「行動」を「習慣」に変えることです。

本書の冒頭でもご紹介した古代ギリシアの哲学者・アリストテレスの言葉からも、それがわかります。

人は繰り返し行うことの集大成である。
だから優秀さとは、行為でなく、習慣なのだ。

——アリストテレス

習慣化ができれば、夢や目標を実現する速度が加速していきます。

ここで大事なポイントは、「習慣を味方にする」ということです。
習慣を敵にしている人は、うまくいきません。
習慣を敵にしている人とは、悪い習慣に囲まれた人です。
たとえば、

- イライラしたら、人を怒鳴らないと気がすまない
- テレビを見ながらソファーで体を丸めないと眠れない
- 常にメールやSNSをチェックしていないと落ち着かない

などです。

一方で、よい習慣を味方にしている人もいます。

たとえば、

- 朝のウォーキングを日課にしている
- 収入の10％を自己投資にあてている
- 毎日30分勉強をしている

このような、よい習慣にいつも囲まれています。

多少うまくいかないことがあっても、よい習慣に囲まれていれば、習慣があなたを助け、守ってくれます。そして、うまくいく追い風にもなってくれるでしょう。

私自身、メルマガを8年間配信し続けていますが、習慣化する前は、メルマガを書くことにものすごく労力がかかるときもありました。特に、疲れているときや仕事の締め切り直前などは、やめたい誘惑にかられます。それでも、メルマガを配信し続けることができているのは、習慣化の力です。

一度、習慣化できると、**「疲れているから、やらない」**ではなく「疲れているけれど、今日も少しだけやってみる」、**「時間がないから、できない」**ではなく、「時間がないけれど、ちょっとだけ書いてみよう」という思考回路に切り替わっていくのです。

よい習慣を持っている人は、上りのエスカレーターに乗っているようなものです。上りのエスカレーターに乗っている人は、それほど努力しなくても乗っているだけで、自動的に上の階まで運んでもらえます。

逆に、悪い習慣を持っている人は、下りのエスカレーターに乗っているようなもの。ただ乗っているだけでも、悪いほう悪いほうへと下がっていってしまうのです。

ポイントは、自分が本当にいいと思う習慣を味方にしていくことです。人からすすめられた習慣や今話題になっていることではなく、あなたが心底続けたいと思う習慣を味方にして、その習慣と一緒に歩んでいきましょう。習慣は、あなたの夢や目標を加速実現してくれる、心強い味方です。

続けられる人の秘密

スティーブ・ジョブズ、イチローなどの偉大な人だけでなく、何かしらの分野で成功を収めている人は、必ず行動を習慣化させています。

彼らは、「続けよう」と思っていません。

自分の欲望やビジョンを具体的にイメージできているため、ワクワクする感情に向かって、必要な行動をし続けているだけです。

もちろん、心は熱くても、頭は冷静です。

ですから、無理して続けているわけではないのです。

続けられる人の共通点を紹介していきます。「続けられる人」の行動習慣から、「続けられる自分」になるためのヒントを得てください。

続けられる人は「小さな車輪」を回し続ける

「続ける」のがうまい人は、「行動」を小さくするのが上手です。

私はそれを「小さな車輪を回すのがうまい」と表現しています。

「続ける」のは、とても大変なことで、強靭な意志とたゆまぬ努力が必要――そんなイメージを抱く人がいるかもしれません。でも、それは「大きな車輪」を回そうとするからです。

続けられる人は、小さくて簡単なことから始めます。たとえば、フルマラソンを完走するための最初の行動は「ランニングシューズを履いて近所を散歩する」だったりします。散歩するだけなら、誰でもできますよね？

でも、そこに成功の秘訣があるのです。


誰でも必ず成功できる小さな「行動」を積み重ねて、自分自身を「楽しいなあ。これならうまくいきそう！」という気持ちにさせて、自分で自分を乗せていくのです。すると、「小さな車輪」はくるくると回り始め、スピードを増していきます。

スピードを増した後に、「行動」のレベルを少しずつ上げていきます。小さな車輪を少しずつ大きな車輪に替えていくイメージです。本人としては、引き続き「小さな車輪」を回しているだけの感覚で気軽に続けることができます。ですが、「行動の質」を上げているので、いつの間にかとんでもないレベルに達してしまうのです。

元メジャーリーガーのイチローさんも、
「小さいことを積み重ねるのがとんでもないところに行くただひとつの道だ」
という名言を残していますが、まさにそのとおりだと思います。

続けられる人は「成長は登山と一緒」と知っている

多くの人は、成長イメージを直線的なものとして考えていると思います。つまり、「1つ行動すれば」、それに比例して、すぐに「1つ結果が出る」というイメージです。

ところが、実際はそうではありません。

私が尊敬するメンターからこのことを教えていただき、驚いた記憶があります。

成長イメージは、二次曲線を描き、富士山の稜線のようになるのです。私たちは、山を一歩登ったら、標高も一歩分上がることを期待してしまいがちです。でも実際は、山を100歩登っても、標高は全く変わらなかったりします。

「行動」＝「歩数」
「結果」＝「標高」

だと思ってください。

富士山の1合目を歩き出した頃は、なかなか標高が上がっていきません。でも、9合目、10合目を歩いているときは、一歩進むたびに標高がぐんぐん上がっていきます。

何かを続けたときの結果の出方も、これとまったく同じなのです。最初は、いくら頑張っても、ほとんど成果や効果を実感できません。

続けられない人は、成功は二次曲線ということを忘れてしまうので、

「なんだ、続けたって、たいして変わらないじゃん」

「こんなに頑張っているのに、報われないなんて意味がない」
「あれ、もしかしてやり方が間違っているのかな？」

と考えて、足を止めてしまうのです。

これに対して、「続けること」に成功する人は、結果は二次曲線的に最後に一気に出てくるイメージを常に持っているので、成果や効果を実感できないときでも淡々と続けることができます。

今すぐにではないけれど、もっと大きな急成長の時期は必ずやってくる――それを知っているから、前を向いて続けられるのです。

小さな上下動に一喜一憂しないのも、「続ける」のがうまい人の共通点です。

ダイエットを続けていると、「ここ1週間ほど会食や飲み会が続いて、先週よりも体重が増えてしまった」ということが起こります。

特に、体重計に乗ることを日課としている人などは「うわ、また増えている」という思いを繰り返すと、それがきっかけとなってダイエットをやめてしまうことがあります。

続けられる人の場合は、ミクロの視点で数字の変動に、あまりこだわっていません。数字の変動を見てはいるのですが、あまり気にはしていないのです。

では、上下する体重の変動をどのように捉えているのか？

成長は、成長企業の「株価チャート」のように見ています。つまり、短期的な成功ではなく、長期的に成功に向かっていればいいという考え方です。

たとえば、一見すると右肩上がりの株でも、「一度も株価が下がらずに、常に上昇してきた」ということは、ありません。毎日必ず株価が上がっているのかと言えば、そうではないのです。ここ１週間の動きに絞って株価を見てみると、３日前は何円も上がったけれど、２日前は少し下がった……など細かく上下を繰り返しているものです。

長期的に見ると、ずっと右肩上がりに見える人でも、日々細かく見ていくと、下がっている日もよくあるのです。

ダイエットを続けるコツは、株価を見るときと同じように、細かい数字の上下に振り回されすぎないこと。長期的に見て、自分が望む体重に近づいているのであれば、一時的な体重の増加を気にしすぎないことです。

目的はゴールの感動、目標はゴールテープ

続けられる人は「練習を休んだ日」でも「行動した」と捉えます。それができるのは「自分自身が『行動』する目的は何か？」を知っているからです。

続けられないときというのは、「何が何でもゴールしなければ！」と、視野が狭くなっていることが多いのです。「一刻も早く、目標を達成したい！」という思いだけが強くなってしまうのです。そうなると、練習を休んだ日は、ゴールに一歩たりとも近づいていない気がして、「続けられなかった」「失敗した」と、捉えてしまいがちです。

成長は株価チャート

一見右肩上がりの
成長に見えても……

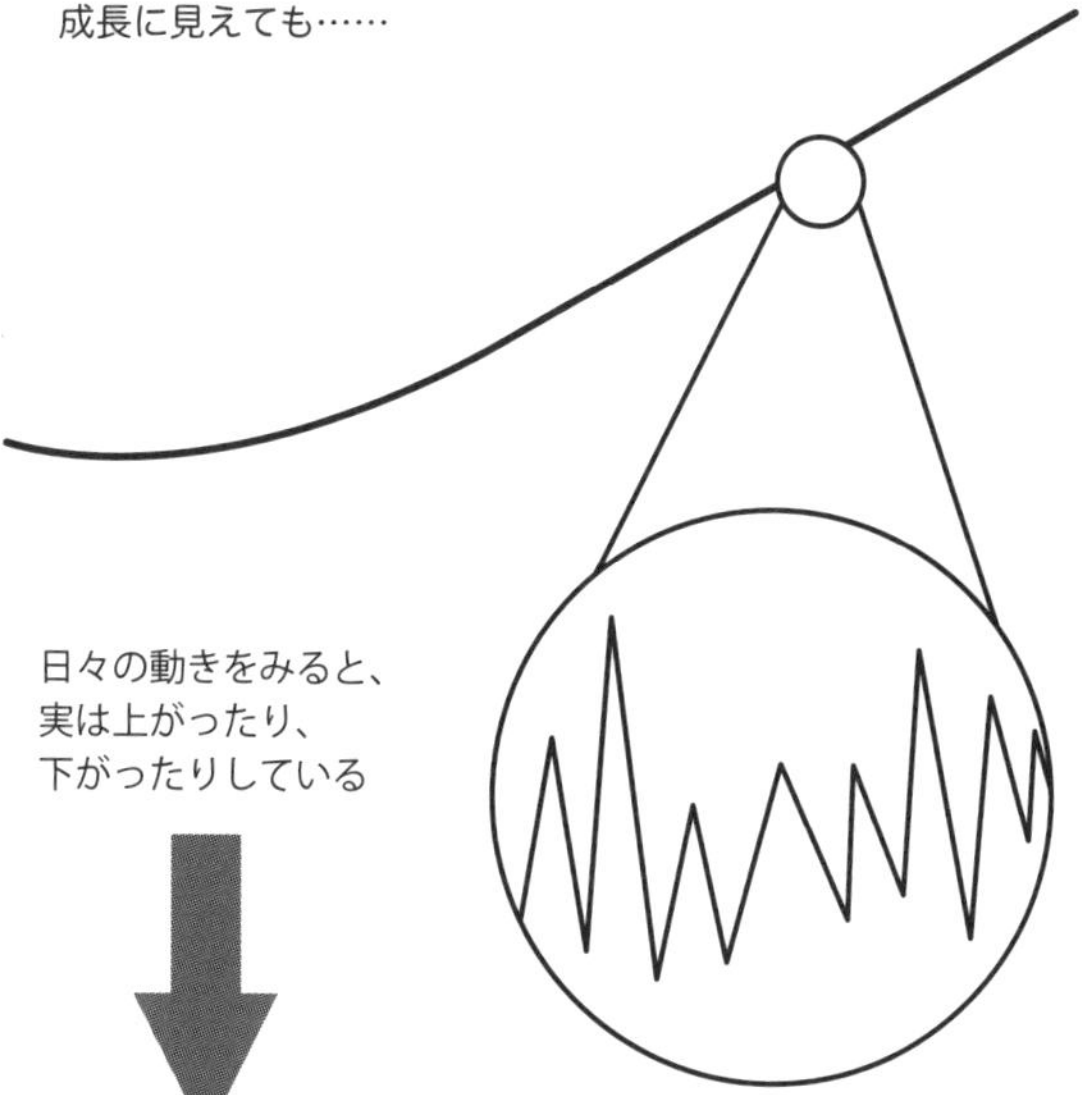

日々の動きをみると、
実は上がったり、
下がったりしている

**日々の動きにうろたえず行動や習慣を
コントロールすれば、結果は出る**

続けられる人ほど、一喜一憂しない

一方で続けられる人は、「ゴールしたい！」という思いは変わりませんが、もう少し広い視野で物事をみています。ですから、練習を休んだ日は、「休養して体調を整えられた」「英気を養ったおかげで、明日からまた頑張れる」と捉えることができます。つまり、休んだ日や続けられなかった日を、夢や目標を実現するための「ピットイン」と捉えることで、スムーズに続けられるのです。

私たちは、目的と目標を混同しがちです。

よく「目標は必ず計測可能なものにしなさい」という言葉を耳にしますよね？「TOEIC600点」という目標は、目標に到達したかどうか計測可能です。「資格取得」や「月間売上300万円」も同様です。これはとても重要なことです。

ただし、目標はあくまでも目標であって、目的とは違います。

マラソンの話でたとえるならば、

「目標」＝ ゴールテープ

「目的」＝ ゴールの感動

なのです。

ゴールテープ（目標）がなければ、どこまで走っていいかわかりません。ですから、わかりやすい目印はあったほうがいいに決まっています。

けれども、なぜ走るのかは「ゴールテープを切りたいから」ではありません。

「ゴールテープを切ることで得られる何か」を体験したくて人は走るのです。

つまり、目標よりも目的が大事なのです。

単にゴールテープを切るためだけじゃない。自分はいったい何に感動したくて「行動」を続けたいのか――。

それが常にわかっていれば、私たちは自然と続けられるのです。

「行動」を「習慣」に変えるカギとは？

目標実現の専門家として活動する前の私がそうだったように、これまでと同じやり方で続けようとすると、残念ながら同じ失敗を繰り返す可能性が高いです。

では、いったい何が成功のカギを握っているのでしょうか？

どこからどう変えていけば、自分の定着させたい行動が実際に定着するのでしょうか？

そのカギをひと言で表せば、

「味わいたい！」

です。


「行動の習慣化についての本なのに、キーワードが『味わいたい！』っていう、ざっくりした意味の言葉がなぜ出てくるの？　どういう意味があるの？」と思った方もいるかもしれません。

でも、重要なことです。「味わいたい！」こそが、行動を習慣化するカギなのです。

人は、「これをやったほうがいい」「これは続けるべきだ」と、頭でわかっていても、なかなか動けないし、続けられません。だから、悩むわけです。

「こうなりたい！」
「あー、これだったんだ」
「この感覚を味わいたい！」

と、感情が動くと、あっさり動けるようになります。

残念ながら、「○○すべき」と頭だけで考えたことは、なかなか続けられないものです。しかし、人は「感情」が動くと「自然と動いてしまう」ようにできているのです。

だから、この「味わいたい！」がなければ、続けることはできません。ダイエットであろうが、毎日の読書であろうが、味わいたくないものは、何かしら理由をつくって続けないようとするからです。

「味わいたい！」がなぜ大事なのか。それは――、

「とにかく続けたくなる」気持ちになるからです。

「行動する目的を見失わなくなる」からです。

「続けられているかどうかにとらわれなくなる」からです。

「夢や目標にむかって最適な行動をとれる」からです。

「減点方式ではなく加点方式の考え方になれる」からです。

そして、気がつけば、続けたかった「行動」が、いつの間にか、

「自然と続いてしまっている」のです。

では、「味わいたい！」とは、いったい何なのでしょうか？

「味わいたい！」を大事にすると、なぜ「行動」を「習慣化」できるのでしょうか？

未来の自分を「味わう」と人生が変わる

本書でお伝えしたいのは、「習慣化した未来の自分」を先取りして、「実感する＝味わう」ことです。

続けられる人は、習慣化した未来の自分から「逆算」しています。

「今日から頑張って努力して続けよう」とは考えません。

すでに続けられている未来から逆算して、

「自分が続けているということは、こうしたんだろうな」

と考えます。ですから、続けられない今の延長線上に、何か新しく続けたいことをつけ足すのではないのです。

もうすでに続けられている未来のあなたを先取りして味わっていく。

未来を味わうことを習慣化することを、「未来アンカリング」と命名しました。

そうすると、たちまち人生が変わります。

「未来の自分なんて、どう先取りするの？」

「実感？　味わうってどういうこと？」

という疑問がわくかもしれませんが、それらは、順を追って詳しく解説していきます。

あなたの人生の主人公は、あなた自身です。

あなたは、主人公として自由に未来を描いてもよいのです。

その際に、次章から紹介する未来アンカリングをフル活用してみてください。感情に振り回されるのではなく、感情を活用する。

それがあなたの行動を変え、人生を変える力になるのです。

第2章

続けられる自分になれる方法とは

あなたが続けられない3つの原因

そもそも、私たちが、何かを続けようとしたのに、続かない・習慣化できない原因は3つしかありません。

【原因①】本当は続けたいと思っていない

1つ目は、そもそも自分にとっては、その夢や目標が重要ではなかった、自分には必要のない習慣だった場合です。

それを続けなくても普通に生活できるし、仕事でも困らない。自分にとって重要なことでないと、モチベーションが下がって、面倒くさくなり、挫折してしまいます。

たとえば、

「普段英語をまったく使わないのに、TOEIC900点をとるために英語の勉強

を始めた」

「別に痩せたいわけじゃないけれど、ダイエットに成功してイキイキしている友人と再会して、なんとなくダイエットしたくなった」

「日記を書くと気持ちの整理ができると聞いたから日記を毎日書きたくなった」

など、手当たりしだいに「続けよう」と思うと、本当に続けたい習慣を選べず、本当は続けたくないもの、続ける必要がないものに、時間と労力を奪われてしまいます。

本当にやりたいものではないから、当然挫折する可能性が高いのです。

その挫折で自己評価まで下げてしまうのは、本当にもったいないことなのです。

あなたが、「続けられる自分」になるためには、本当にやりたいこと・続けたいことだけを選ぶことが大切です。

もしも、これまでに続けられずに失敗したことがあるのなら、次のように考えてみてください。

「続けられなくてよかった。時間や労力を無駄遣いせずにすんだのだから」

それでいいのです。

【原因②】自分には続けられないと思い込んでいる

2つ目は「自分にはできない・続けられない」という「思い込み」がある場合です。

口では「よし、英語をコツコツ勉強してTOEICで900点とるぞ！」と言っていても、過去の失敗経験から、「(でも無理かもしれない)」って諦めている。

今までいろんなダイエットを試したけれど、全部途中で挫折している。今回も自分には無理。どうせ頑張っても1週間が限度と思っている。

本当は朝5時起きを習慣化したいけれど、残業が多くて家に帰るのは終電で就寝は2時過ぎだから難しいと思っている。

このように「どうせ自分は続けられない」「自分には無理」と思っていると、なかなか続けられません。

たとえば、次のような方がいました。

「毎朝、近所の公園を15分散歩するぞ」と決意したRさん。

でも同時に「自分は飽きっぽいから、どうせ続かないだろうな」と思っていました。始めて６日目、朝寝坊してしまい朝の散歩ができませんでした。

「やっぱり自分には無理だったんだ」

「どうして、いつも続けられないんだろう……」

そう自分を責めて、本当にRさんは「続けられない自分」をつくってしまったのです。確かに、「結果や実績がないと自信が持てない」という人もいます。「どうせ私にはできない」という状態で行動すると、「できない」という結果を引き寄せてしまいます。

やると決めたのに、できないと考えるのは、行きたい方向とハンドルの向きが一致していないようなものです。

行きたくない方向ではなく、行きたい方向に意識を向けると、結果は必ずついてきます。あなたが続けられなかったのは、続けられない方向にハンドルを切ってしまったからかもしれません。

重要なのは、まず自信をつけること。

ですから、本書では「できた自分」を先に味わいます。さらに、10秒アクションで自信をつけていきます。たった10秒でも「自分で決めて、行動する」ことで自信は育つのです。

たった10秒の行動でも、自分で決めないで、「義務感、責任感、生活のため、会社の方針だから、常識だから」と仕方なく動くと、自信は育ちません。

せっかく行動しても、自己肯定感は上がらないし、成果も出にくいし、後味も悪く、ストレスが溜まったり、疲弊したりします。

そして、たとえ結果的にうまくいっても、イヤイヤやったことなので、あまり嬉しくないし、達成感・充実感を得にくいのです。さらに、うまくいかないときは、**「別に自分がやりたくてやったわけではないし」**と、他人事に捉えたり、**「頼まれた**

からやってあげただけなのに」と、人のせいにしたくなります。結果的に、反省もしないので、成長もしません。

これに対して、たった10秒でも、「自分で決めて」行動すると、自己肯定感が上がり、元気になり、やる気になります。

そして、10秒アクションがうまくいったら、さらに一歩踏み出す力がわいてきます。たとえ、うまくいかなくても、自分で決めて動いたときというのは、「次はこうしてみよう」「こうすればうまくいくはず」と、すぐに再挑戦しやすいのです。

【原因③】行動するときに「面倒くさい」「続けるのが難しい」と感じている

３つ目は、行動するときに「面倒くさい」と感じたり、現実的に続けることが難しかったりして続かない場合です。

たとえば、「毎日30分ジョギングするぞ」と決めて朝起きたけれど、ジョギングスーツに着替えるのが面倒くさいと感じている。

昨日飲みすぎてしまって、疲れているのに走るなんてイヤだと感じている。

お腹がすいている状態で、走るのはしんどいと思っている。

こういう状態では、行動するのはもちろん、続けることも難しくなります。

つまりは、行動するためのハードルが高い状態です。

行動したり、行動を続けたりするハードルが高く、実行が億劫《おっくう》になってしまっているパターンだといえます。


何をやっても続けられない人は、必ずこの3つの原因の1つもしくは複数が思い当たるはずです。この3つの原因を乗り越え、続けられる自分になるにはどうすればいいでしょうか？

3つの原因を乗り越える方法

まず【原因①】本当は続けたいと思っていないから続けられないを乗り越えるには、「続けたいことを見極める」ことです。

「心底やりたい！」と思ったこと、自分の人生にとって重要で大切なことだけを選んで、習慣化に取り組めばいいのです。あらかじめシミュレーションすることで、あなたが「本当に続けたいこと」に取り組めるようになります。

これが第1章でお伝えした「キーハビット」です。

キーハビットとは、人生で本当に成し遂げたいことのための習慣です。

本当に続けたいこと、続ける必要があるかを見極めてから習慣化しましょう。

必要な習慣は、人それぞれ違います。

たとえば、AさんとBさんがいる場合、2人のキーハビットは異なるでしょう。

「いずれ自分の名前で本を出したい」という夢を持つAさんにとって、「毎日ブログを書く」ことは、キーハビットのひとつになるでしょう。

「トライアスロンを完走したい」という目標を持つBさんにとっては、毎日ブログを書くことは、キーハビットには当てはまらない可能性が高いです自分の人生にプラスになりそうなこと、健康にいいこと、収入が増えそうなことだったら、何でもいいから続けたいと思う人もいるかもしれません。

たとえば、早起き、英語の勉強、スキルアップのための資格取得、筋トレ、禁酒、ブログ、朝会など、全部続けられたら、人生は激変しそうです。実は、これらは、かつての私が続けたい！　と思っていたことです。

30代前半の頃、私は職を転々とし、暴飲暴食、夜更かしにダラダラと、全てがうまくいっていませんでした。「このままではまずい。今度こそ変わりたい！」と何度も思いました。その度に、一気に変わりたくて、一発逆転を狙いたくて、手当たりしだいに様々なことを続けようとしました。

そして、なんとか数日は頑張るものの、続かないのです。そんな自分を責めて、さらに自信を失い、自暴自棄になって暴飲暴食して夜更かしする……。

今思えば、ずっと下りのエスカレーターに乗っていたようなものです。出口のない迷路に入り込んでしまった気がして、ずっともがいていました。

あのとき、絶望していた自分に教えてあげたい。

「一度に全部変えようとしなくていいんだよ。まず、自分にとって重要なことを1つに絞って、続ければいいんだよ」と。

だから、今は確信をもって言えます。

手当たりしだいに習慣化しようとしても、うまくいかないのです。

人生の時間は限られています。私たちに残された時間は思いのほか短いのです。

あなたが本当にやりたいこと、実現したいことに近づく習慣が、あなたにとってのキーハビットになります。

「自分が本当にやりたいこと」を習慣化するようにしてください。

次に【原因②】自分には続けられないと思い込んでいるから続けられないを乗り越えるには、「前提を変える・ゴールから逆算する」ことです。

つまり、

「もし習慣化が簡単だとしたら？」

「もし○○を当たり前のようにできるとしたら？」

と考えます。


できた未来を先に味わうことで、無力感をなくすことができます。

自分にとって特別なチャレンジで、大変なことだと思い込んでいると、動けなくなってしまいます。

一方、「当然できる！　当たり前のルーチンだ」と思っていれば、続けることが「苦しい、難しい、できない」という概念は生まれません。

たとえば、ダイエットに成功した人、自分の理想の体型をキープしている人はエクササイズをさぼったり、ドカ食いしたり、深酒したりしてもショックを受けることはありません。当然、自分を責めることもしないでしょう。「明日からまた、日常に戻ろう」と思って、実行するだけです。

あなたが「続けられる人」になるためには、うまくいってもいかなくても、感情を消耗させない、無駄遣いしないことが大切なのです。

あなたが続けたいことをいい意味で「こんなものか」と俯瞰《ふかん》できたら続けられます。

次の日から淡々と、ルーチンをこなすだけでいいのです。

たとえば、部屋を片づけられる人は、部屋が散らかっているからといって、絶望もしないし、自分を責めません。淡々と片づけるだけです。

いい意味で感情を使わず、部屋の状態に一喜一憂しません。

「できる・できない」で捉えている人は、一喜一憂します。

「やる・やらない」で捉えている人は、一歩ずつ進むことができます。

あなたも、「できる・できない」ではなく「やる・やらない」でものごとを捉えるようにしてみてください。

今日やらなかったら、明日取り戻せばいいだけなのです。

最後に【原因③】行動するときに、「面倒くさい」「続けるのが難しい」と感じているを乗り越えるには、面倒くさい、難しいと思えないくらい、簡単なことから始めることが大切です。

このパターンで続けられないとき、効果を発揮するのが「10秒アクション」です。これは拙著『本気で変わりたい人の行動イノベーション』でもご紹介した方法です。詳しくは、このあとご紹介していきます。

「続けられる自分」になる3つのステップ

ここまで、「続けられない3つの原因」と、それを乗り越える方法を書いてきましたが、さらに簡単な方法で「続けられない」を「続けられる」に変えることができます。

それが本書のテーマでもある「未来アンカリング」です。

習慣化ノートは、「最初の一歩の行動」を「習慣」に変えるための方法を体系化したノートです。習慣化ノートは2つのパートで構成されています。「習慣化シート」と「三日坊主シート」です。簡単にいえば、次の3ステップで行います。

【ステップ1】習慣化シートを作成する
↓
【ステップ2】習慣化シートを見て30秒で「味わい」、10秒アクションをする
↓
【ステップ3】三日坊主シートに、20秒で記入する

このたったの3ステップを実行するだけで、これまで何度トライしても続けられなかったことが、飽きることも、つらいと感じることもなく、続けられるようになります。

このステップを踏むことで、先に挙げた「続けられない3つの原因」を乗り越え、

続けられるようになります。

30秒「味わう」ことで、本当に続けたいことなのかを確認できるので、原因①への対策になります。

また、続けられた未来の自分から逆算することができるので、原因②への対策にもなります。

そして、10秒アクションから始め、3日を1単位として、三日坊主シートに記入していくことで、「面倒くさい」「難しくて続かない」ということがなくなります。これが原因③への対策にもなっているのです。

感情のゴールを設定する「習慣化シート」とは？

習慣化シートとは、感情のゴールを設定するために、私がつくった特別なシートのことです。

私たちは何かを始めたい、続けたいと思ったときに、「5キロ減量」「TOEIC600点」といった数値目標だけを立ててしまいがちです。

もちろん、数値目標は大切です。

けれども、これらはゴールテープにすぎません。

あなたが「行動」を続けてたどりつきたいのは、ゴールテープの先にある「状況」と「得られる感情」のはずです。

私は、達成している「状況」と「感情」を合わせて「感情のゴール」と呼んでいます。数値目標を設定するだけではなく、感情のゴールも設定しましょう。

「感情のゴール」が具体的になればなるほど、あなたを強烈にリードし、自然と「行動が続いてしまう」のです。

「味わいたい！」と願う感情がある一方で、「味わいたくない！」と願う感情も存在します。

人間の行動原理は、大きく分けると2つしかありません。1つは、快追求で、も

う1つは不快回避です。

快追求とは、人間は、喜びを得るために行動するという原理です。「楽しい、嬉しい、ワクワク、感動、スッキリ」など、人は、まさに味わいたい感情のために自然と動いてしまいます。

不快回避とは、人間は、苦痛を回避するために行動するという原理です。「辛い、苦しい、痛い、恥ずかしい、不安、不満、虚しい」など、味わいたくない感情を避けるためにも、人は動きます。不快回避の最たるものが、火事場のバカ力で、人は、極限状況に追い込まれると、とてつもない力を発揮することがあるわけです。

習慣化ノートでは、快追求と不快回避という2つの行動原理をとりいれています。

ダイエットの場合で考えるとわかりやすいでしょう。

「今のままの生活を続けたら、3カ月後には体重が5キロも増えてしまう。こんなはずじゃなかった。人に会いたくない。着る服がなくてつらい。健康診断にひっかかってショック……」

などといった「感情」です。

この「味わいたくない！」という感情も、あなたにとっては心強い味方に変わります。なぜなら、あなたが誘惑に負けそうになっても、強烈なブレーキ役となってくれるからです。

あなたが「味わいたい！」と願う「感情のゴール」。
逆に、あなたが「味わいたくない！」と願う「感情」。
これらをたった1ページに整理することはできないだろうか。
そう考えて開発したのが、「習慣化シート」です。

着実に続けられるようになる「三日坊主シート」とは？

そして、毎日の10秒アクションを着実に積み重ね、続けられるようになるために開発したのが「三日坊主シート」です。

なにかを続けようとして、最初につまずくのが、「三日坊主」の壁です。つまり、せっかくなにかを始めても、続けることが出来ずにすぐにやめてしまう。特に、猛スタートを切った人ほど冷めるのも早かったりします。

でも、これはあなたの意志が弱いからでも、能力が低いからでも、飽きっぽい性格が原因でもありません。

脳の防衛本能が原因です。

脳は、「変化を嫌う」という防衛本能を持ち、新しいことや難しいことよりも、今まで生き延びてきた現状維持をよしとします。脳は、仕組み上、急には変われないようにできているのです。

いままで朝はダラダラしていたのに、いきなり早起きをはじめると、脳は本能的に変化を嫌い、「元のライフスタイルに戻そう」と邪魔をします。これを意志の力や根性でコントロールしようとしても、数日は頑張れても脳の本能が勝ってしまいます。いわゆる三日坊主やリバウンドがおこるわけです。

ですが、脳は「ちょっとずつ」であれば、変化を受け入れる「可塑性《かそせい》」という性質も持っています。いきなり大きく変わることは、命に危険があるかもしれないから避けたい。けれども、全く変わらないというのは、成長も進化もしていないということなので、それもまた命に危険があるわけです。だから、ちょっとずつであれば変化できるという性質も脳は持っているのです。

脳の可塑性で急には変われないけれど、「ちょっとずつ」なら変化し続けることができるのです。だからこそ、「10秒でできる小さく具体的な行動」から気軽に最初の1歩をスタートすることがポイントとなります。

三日坊主シートは、3日で1ページを使うので、三日坊主を繰り返すことで、自然と続けられる仕組みになっています。

さらに、必要に応じて、3日ごとに「10秒アクション」の内容を変えていくことができます。その結果、無理なく続けられるだけでなく、少しずつ行動の「質」をあげていくこともできるので、マンネリ化を防ぎつつ、最短で成果を出すこともできます。

この習慣化シートと三日坊主シートで構成される習慣化ノートを使うことで、無理なく自然体で、続けることができるようになります。

この習慣化ノートの「習慣化シート」（↓78ページ）と「三日坊主シート」（↓80ページ）は、巻末特典からダウンロードしてご使用いただけます。もちろん、A4用紙やノートに線を書いて、自作してもらってかまいません。ここでは軽く見てもらえれば大丈夫です。

このノートの作成方法は第4章で詳しく紹介していきます。

100％行動できる10秒アクション

10秒アクションは、拙著『本気で変わりたい人の行動イノベーション』でもお伝えしましたが、文字通り、まず10秒でできる行動をすることです。

本書では、習慣化ノートを使って、30秒間味わった感情や場面につながる、すぐにできる1アクションを10秒間で行います。

なぜ、「10秒アクション」なのかというと、行動しない理由や言い訳をつぶせるからです。


「面倒くさい」

「しんどい」

「難しくてできない」

「時間がないからできない」

「自信がないからできない」

「お金がないからできない」

「ちゃんとできそうにないからやらない」

「続けられそうにないからやらない」

「ちゃんと準備できてないからやらない」

感情のゴールを達成する日付を記入しよう

20XX 年○月△日

感情のゴールのビジュアル化

習慣化シート

10秒アクションリスト

●

●

●

【味わいたくない】
もし習慣化できなかったら、
どんなことになる？

●

●

●

●

●

●

【味わいたい】
もし習慣化できたら、
どんないいことがある？

●

●

●

●

●

●

三日坊主シート

10秒アクション
「〇〇〇〇〇〇〇〇〇〇〇〇〇」

日付	マーク	一言コメント

10秒アクション
「〇〇〇〇〇〇〇〇〇〇〇〇〇〇」

日付	マーク	一言コメント

「失敗したらどうしようと思うと不安でできない」

などと感じる場合でも、人は10秒なら行動できるのです。

前提を変えれば、思い込みをはずせる

これから紹介していく、未来アンカリングを実践する前に、ひとつだけ大事な注意点があります。

それは、「続けられるという前提（マインドセット）で、行動を始める」ことです。

「どうせまた、自分には続けられない」

そう思い込んでいると、結局続けられなくなることが多いのです。

続けた先にある夢や思いを「実現した！」というところからさかのぼって、そんな自分が続けてきたことは……と、逆算で妄想しましょう。

夢や目標を実現した未来の自分になりきって、そんな未来の自分が習慣化していることを当たり前の前提にするのです。

本章の冒頭でお伝えしたように、続かない原因は３つだけ。

①本当は続けたいと思っていない
②自分には続けられないと思い込んでいる
③行動するときに、「面倒くさい」「続けるのが難しい」と感じている

そして、この３つの原因の根本は、前提のマインド設定が大きく影響しているのです。

そこで「続けられる」「続けて実現できた!」という前提から入るようにしましょう。

偉大な芸術家であるパブロ・ピカソも

できると思えばでき、できないと思えばできない。
これは、ゆるぎない絶対的な法則である。

と言っています。

前提とは、そもそも「思い込み」にすぎません。どうせ思い込むなら「できない」という思い込みではなく、「できる」という思い込みを持ちましょう。

本気で実現できた前提でイメージするのです。実現できたときの感情やシチュエーションをリアルに思い描き、味わってみてください。

それが達成できている自分なら、どんなことでも当たり前にできるのです。前提が変われば、あとは当たり前にただルーチンにするだけです。
だから「続けられている」「達成できた」という前提で、エモーショナルハビットを実践していきましょう。

続けられる前提に変わる！　マインドセットのつくり方

では、具体的に「前提を変える」というのは、どういうことなのでしょうか？
それは「自分に問いかける言葉と順番を変える」という方法です。
続けられないと思っている人のパターンは、次の場合がほとんどです。

《現実（現状）》⇩《どんな制約がある？》⇩《制約のなかで何をやる？》

今の現実（現状）を見て、どのような制約があるだろうか？　その上で、何ができるだろうか？　と考えます。具体的には次のようなものです。

《現実（現状）》 ⇩ 3カ月以内にTOEICで730点とらないと昇進できない。

《どんな制約がある？》 ⇩ 時間がない。気持ちに余裕もない。お金もない。もともと英語は苦手。記憶力もよくない。

《制約のなかで何をやる？》 ⇩ 睡眠時間をけずって頑張って勉強するしかない。どう考えても自分には無理だから、昇進は諦めるしかない。

この前提を変えるには、問いかける言葉と順番を変えればいいのです。

《本当はどうしたい？》 ⇩ 《現実（現状）》 ⇩ 《ゴールに近づくために何ができる？》

まず現実をとりあえずわきに置いておき、最初に《本当はどうしたい？》と問いかけます。その上で《現実（現状）》を見て、《ゴールに近づくために何ができる？》と問いかけるのです。

この思考パターンに変えることで、続けられる前提のマインドセットになります。先の例で言えば、次のようになるはずです。

《本当はどうしたい？》⇩　英語の本をスムーズに読みたい。英語の原書が読めたら、よりよい提案ができるなぁ。楽しく勉強できたらいいなぁ。

《現実（現状）》⇩　時間がない。気持ちに余裕もない。お金もない。もともと英語は苦手。記憶力もよくない。

《ゴールに近づくために何ができる？》⇩　通勤時間がある。まずは、電車に乗っている往復90分の間に、スマホアプリで英語を勉強してみよう。前から気になっていた、アメリカの自転車の専門誌を買って読んでみよう。雑誌を読みながら、わからない単語を調べたらＴＯＥＩＣ対策になるかも。

いかがでしょうか。

仕事上、どうしてもやらなければいけない英語の勉強を例にしましたが、例は違っても、続けられなかったとき同じようなことをやっていませんでしたか？

今まで、続けたいのに続かなかった理由は、「どうせ自分には続かない・できない」という前提があったからかもしれません。

自分に問いかける順番を変えるだけで、「前提＝思い込み」が外れ、「できる・続けられる」ようになります。

それを、簡単にできるのが、未来アンカリングであり、次章で紹介する習慣化ノートなのです。まずは、次章で習慣化ノートの作成に入っていきましょう。

第3章

習慣を変えるその前に、自分を大切にする

自分を大切にする人が、続けられる

前章で、続けられない理由と「習慣化ノート」に触れました。

実際に習慣化ノートに取り組む前に、「自分を大切にする＝自分と仲良くなる」方法を紹介します。

「なかなか続けられない」「三日坊主で終わってしまう」と、悩まれている方のほとんどが、自分を大切にしていないのです。つまり、自分と仲良くないか、もしくは途中で自分と喧嘩しているのです。**「自分に自信が持てない、自分のことが好きになれない、自分が信頼できない、どうしても自分を責めてしまう」**という方は、自分と仲良くないのです。

自分と仲良しでなくても、うまくいっているときは、特に問題はおきません。ですが、予定通りにできなかったときや、調子がよくないとき、突発的な出来事がおきたときに、差がでてきます。自分と仲が良くないと、過度に不安になったり、自分を責め過ぎてしまったり、あっさり諦めてしまったりするので、続けられなくなってしまうのです。

自分と仲良くなるというのは、自分とよいコミュニケーションがとれるようになるということです。

あなたはどのくらい自分の声を聞いていますか？

まずは、自分自身の3つの声「頭の声、体の声、心の声」にしっかりと耳を傾けてみてください。それが自分と仲良くなる第一歩であり、本当に手に入れたい習慣をつかむ第一歩になります。

ネガティブな心の声にもよりそうと、自分と仲良くなれる

3つの声のなかでも「心の声」を特に意識して聞いていきましょう。

自分と仲良くない人は、自分にとって都合のいいポジティブな心の声だけを聞き、ネガティブな心の声を無視する傾向があります。

確かに何かを続けようとするとき、ポジティブな気持ちになれるときもあります。

「自信がついてきた。なんだかできそうな気がしてきた。希望がみえてきてワクワクしている。毎日が楽しい」といった具合です。

一方で、続けているとネガティブな気持ちになるときもあります。

「こんなことを毎日続けるなんて面倒くさい。また続けられなかったらどうしよう。将来のことを考えても不安しか出てこない。こんなこと続けたって何も変わらない気がして辛い」といった具合です。

自分の中のネガティブな部分に向き合うのは、決して、気分がいいものではありません。でも、どう受け止めるかは、意外に重要です。

自分と仲良くない方の「受け止め方」は、だいたい3タイプに分かれます。

①スルーする

実際はネガティブな気持ちになっているのに「気のせい」「何かの間違い」ということにして、心の声を無視します。ときには、気合いなどで、無理やりポジティブな気持ちに変えようとすることもあります。

②ダメ出しする

「まだはじめたばっかりなのに、面倒くさいとか、ありえないでしょ」と自分の心の声を否定したり、「すぐにネガティブ思考になるところがダメなんだよ」と自分を批判したりします。

③言い訳する

「今日は疲れていたんだからしょうがないよ」と諦めモードになったり、「自分なりに頑張ってるのに、周りが認めてくれないからこうなったんだよ！」と逆ギレしたりします。

このように、今の自分の心の声に寄り添わず、無視したり否定したりすると、そこで行動が止まってしまいます。その結果、続けられなくなってしまうのです。

一方で、自分と仲がいい人は、自分のネガティブな部分も、あっさり「受け入れる」ことができます。

「自分のネガティブな気持ちを受け入れてしまったら、行動できなくなってしまうのでは？」

と思われた方もいるかもしれません。安心してください。自分の心の声を「受け入れる」ことと、心の声に「従う」ことは別だからです。

心の声が面倒くさいと言っているからといって、「じゃあ、やめちゃおう」と従うのは、心の声を「受け入れる」こととは別です。「受け入れる」とは、いったんニュートラルに、冷静に受け止めるということ。ニュートラルに受け止めるとは、自分が思っていること・感じていることについて、「いい・悪い」という判断や評価をせずに、そのまま受け取るということです。前後に、「否定・批判・非難」など、何も付け加えないことです。


「続けるのが、実は面倒くさいと思っているんだね」

「また失敗したらどうしようって考えたら、不安になったんだね」

「成果を実感できないから、イヤになってしまったんだね」

と、一度ネガティブな感情を受け止めるだけです。

その上で、

「面倒くさいと思っている自分だからこそ、今何ができるんだろう」

「不安だからこそ、何ができるだろう」

と、自分に問いかけるのです。


一見ネガティブで続けることの邪魔になりそうな声だとしても、無視をしないでください。今、あなたがそう思っている、そう感じているのには必ず意味があるのです。まずは、いったんニュートラルに、冷静に受け止めましょう。それが自分と仲良くなる第一歩です。

自分と仲良くなるには、自分のリアルタイムな感情を知ることから始まります。

「本当はやりたくない」
「面倒くさい」
「うまくいかなかったら……と思うとこわい」

と思っているのに、それを無視してしまったら、自分と仲良くなれません。当然、行動も続いていかないでしょう。

自分が本当に感じていることを無視し続けていると、心の声を聞けなくなってしまい、感情を味わえなくなってしまいます。

誰だって、いつもポジティブではいられません。

ときには落ち込んだり、不安になったり、嫌になったりするでしょう。人間なのですから当然です。

大事なのは、常にポジティブな状態でいることではなく、今の自分の状態に気づいていることです。

自分の感情の現在地を知り、受け入れることができたとき、はじめてそこから自分で抜け出すことができるのです。

心の声が悲鳴をあげたら、最優先にすることは……

心の声が実際に、ネガティブなメッセージを発していることに気がついたら、どうすればいいでしょうか？

最優先に行うべきことは、いつもと同じ行動を続けようとするのではなく、まず心の状態をグッドコンディションに戻すことです。具体的には、先ほど述べたようにネガティブなメッセージも一度、ニュートラルに受け止めます。そのうえで、「今の状態でもできること」「今の状態をちょっとでもいいので、よくするためにできること」を見つけて行動することをオススメします。

心の状態は結果に影響します。頭と体のコンディションも同じように結果に影響を与えますが、心の声にはとても大きい影響力があります。

たとえば、「自分はできる」と心から思っている営業マンと、「自分にはできない、無理」と思っている営業マン、あなたならどちらの人から商品やサービスを買いたいですか？

値段も内容も変わらないのであれば、ポジティブな雰囲気の人から買いたくなるのではないでしょうか。たとえ目に見えなくても、心の状態によって、相手が受け取る印象が変わってきます。だから、仕事の成果も大きく変わってしまいます。

心のコンディションが悪い状態（無理、できないと思っている状態）では、どれだけ営業の能力やスキルがあっても、いい提案を持っていたとしても、結果につながりにくくなるのです。

だから超一流の人ほど、コンディションを大切にするのです。

イチローさんなど、傑出した結果を出している人は、コンディションを大切にし、すべからくよい習慣を味方につけています。

続けられる人がすべてを手に入れる

よい習慣は、あなたを絶対に裏切りません。

結局は、やり続けた人がすべてを手に入れるのです。

続けられない人よりも続けられる人が、あらゆる結果を手にします。

ビジネス、スポーツ、芸術、勉強……さまざまな分野のトップは、「続けた人」なのです。

そして、よい習慣に囲まれた人生で、余裕を生み出していただきたいのです。

よい習慣は行動を自動化してくれるので、頭と体と心に余裕を生み出します。その余裕が、よりよい成果を生み出します。

私が、自分と仲良くなる習慣という観点から、大切だと考えているポイントは、次の3つです。

・自分の声をニュートラルに受け止める
・「そもそも、どうしたかったのか？」自分の原点となる北極星を思い出す
・現状の自分でもできることを自然体でやってみる

行動しないと、人はなぜか自分を責めてしまいます。

まずは、そこから抜け出す必要があります。

そのために大事なのが、「自分を受け入れる」というスタンスへの転換です。

自分を責めてばかりいる人は、自分に都合のいい声しか聞いていないのです。


「自分に自信を持つ」と言うのは簡単ですが、実践するのは難しいかもしれません。

心の声に耳を傾け、その声を受け入れて、行動を変えていくことで、自然と自信を取り戻すことができます。

自分を取り戻したとき、はじめて自分の人生を生きることができるのです。

「続けられる自分」は、自分に最高の自信を与えてくれます。

そうなるためにはまず、心の声に耳を傾け、よりそう必要があるのです。

第4章

習慣化ノートのつくり方

感情のゴールを達成する日付を記入しよう

20XX 年○月△日

感情のゴールのビジュアル化

本気でやりたいこと、達成したいことを成し遂げたときの状況、得ているモノ、感情を絵にしたり、写真を貼ったりしよう

習慣化シート

10秒アクションリスト

-
-
-

味わいたい感情と状況を達成するための10秒アクション（10秒でできる行動プラン）を3つ書き込もう

【味わいたくない】

もし習慣化できなかったら、
どんなことになる？

-
-
-
-

習慣化がうまくいかなかった場合、どんな状況におちいり、どんな感情を味わうかを書き出そう

【味わいたい】

もし習慣化できたら、
どんないいことがある？

-
-
-
-

習慣化がうまくいった場合、どんな状況になっているか、どんな感情を味わえるかを書き出そう

たった1ページで、なぜ続けられるようになるのか？

「習慣化シート」を見て、「えっ、こんなもので本当に『習慣化』に成功するものなの？」と感じた人もいるかもしれません。

断言します。

絶対にできます。

なぜなら「あのゴールに行きたい！」「あの感動を絶対に味わいたい！」という「感情」は、それほど強力だからです。先述したように、人は「感情」が動くと「自然と動いてしまう」ようにできているのです。

にもかかわらず、ほとんどの人は、「味わいたい！」の持つ力をフルに使い切れていないのです。

「習慣化ノート」は、2つのシートから構成されています。ゴールを味わうための「習慣化シート」と毎日着実に実行するための「三日坊主シート」です。

私が今までに学び習得してきた、最新の脳科学の知識、コーチングの技術などから導き出して開発したフォーマットです。そして、目標実現の専門家として、実際に成果を上げてきたノートでもあります。

私の主催するセミナーや研修でも、実際にこのメソッドを使って習慣化に成功している人がたくさんいます。

私の敬愛する先人たちも、未来のイメージを描くことの重要性を説いています。

スティーブン・R・コヴィー博士の世界的名著『7つの習慣』（キングベアー出版）は私の愛読書のひとつですが、コヴィー博士は「第2の習慣～終わりを思い描くことから始める～」の章で「すべてのものは2度つくられる」という言葉を使っています。

コヴィー博士によれば、私たちは家を建てるとき、

①まず、完成形をイメージして設計図をつくる（知的創造）

②その後、実際に工事を行う（物的創造）

というプロセスを踏むそうです。これが「すべてのものは2度つくられる」とい

う意味なのだそうです。

「すべてのものは2度つくられる」――コヴィー博士のこの言葉に私はとても感動し、日々の生活で実践してきました。そして、今日の私がいます。

大事なのは、まず完成形をイメージして設計図をつくることです。

楽しく妄想し、どんな「場面」で、どんな「感情」を味わいたいか、しっかり確認することなのです。

その「場面」と「感情」こそが、あなたにとっての完成形（感情のゴール）です。その完成図がしっかりしていればいるほど、実際の工事（行動）がはかどります。

たった1ページですするシンプルな「習慣化シート」ですが、これこそがあなたにとっての完成図です。あなたの足は、完成に向けて自然と進みます。そして、歩みのスピードは日を追うにつれて速まっていくことでしょう。

「習慣化」自体はあなたの目的ではなく、あくまでも目的達成の際の副産物です。

つまり、「習慣化ノート」とは、

「気がつけばいつの間にか続いてしまっていた」という感覚で「習慣化」に成功するノートなのです。

習慣化ノートの作成順序

それでは、習慣化シートの作成に入っていきましょう。
習慣化シートの作成にあたっては、次のステップで行います。

【手順①】続けたいことをリストアップする
【手順②】続けたいことに優先順位をつける
【手順③】最優先事項で習慣化シートを作成する

習慣化シートを作成したら、毎朝1分の時間を確保するだけ。30秒で習慣化シートを眺めて、味わいたい未来の心の声を味わう（リアルにイメージする）のです。

そして、10秒でアクションを起こして、その結果を「三日坊主シート」に記入すれば、簡単に行動でき、それを日々続けるだけです。

習慣化シートのつくり方【手順①】続けたいことをリストアップする

あなたが「これ続けられたらいいな」「習慣化したいな」「今までできなかったけど、今度こそ続けたいな」ということを、まずはページ左側の空欄にリストアップしましょう。

そして、1項目ごとにひとつのフセンに書き出してみてください。

ここでは、アイデア出しが目的です。

ポイントは、

「これは難しいから続けられないだろうな」

「続けるとしたら、しんどいだろうな」

「本当に続けたいことじゃないかもしれない」

などと考えないことです。

「○○をやらなければ」というものでもかまいません。少しでも思い浮かんだら、どんどん書き出しましょう。見極めるのは次のステップで考えます。アイデアを出す時間とアイデアを精査する時間はしっかり区別します。

さあ、あなたが「続けられたらいいな」「習慣にできたらいいな」ということを思いつく限り、挙げてみましょう。仕事、プライベート、家族、趣味など、いくつかのカテゴリーに分けて考えると思いつきやすくなります。

例：散歩、筋トレ、ランニング、ストレッチ、瞑想、掃除、片づけ、読書、勉強、スキルアップ、仕事の研究、日誌、日記、家計簿、ブログ、メルマガ、ダイエット、禁酒、禁煙、節約、早起き、規則正しい生活、自炊、靴磨き、手紙やメールの返信

習慣化シートのつくり方【手順②】　続けたいことに優先順位をつける

続けたいことをたくさん書き出せましたか?

それでは、そのフセンを並べ替えていきましょう。あなたが今、もっとも習慣化したいことを一番上、あなたが今それほど習慣化しなくてもいいなということは下にくるように並べ替えてみてください。

「これを習慣化したら、自分の人生に一番インパクトがある」という習慣は上にしましょう。上から1~3項目までを、書いてみてください。

習慣化シートのつくり方【手順③】　最優先事項で習慣化シートを作成する

習慣化シートの作成時間は、目安として15分。最長でも30分以内に完成させましょう。

素早くつくる理由は、素晴らしい、見栄えのするシートを完成させることが目的ではないからです。時間をかけすぎると、シートをつくっただけで満足して、行動しない人が多いのです。

あなたにとって大切なことを続けられるようになるのがゴールです。

時間がかかるようでしたら、まずは仮完成でOKとしてください。

記入は、次ページ「習慣化シート作成の7ステップ」で行います。

■【ステップ①】「続けられたらこうなる」と思う場面を想像する

まずは、続けられたら「こうなる」「こうなりたいな」というものを自由に想像してみましょう。

あなたが習慣化に成功し、あなたの望む結果を手に入れたとき、どんな場面で、どんなことを味わいたいですか？

習慣化シート作成の7ステップ

ステップ①	「味わいたい！」と思う場面をいくつかイメージする
ステップ②	味わいたい感情（感情のゴール）を書き出す
ステップ③	感情のゴールを絵や写真でビジュアル化する
ステップ④	感情のゴールを味わう日記を記入する
ステップ⑤	もし習慣化しなかったら味わう最悪の状況や感情を書き出す
ステップ⑥	ゴール実現のためにできる10秒アクションを5つ書き出す
ステップ⑦	書き出した10秒アクションから3つに絞り込む

30分以内につくろう！
仮完成でもOK

習慣化シートはこれで完成！

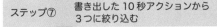

ダイエットに成功して、すごくステキな服を着て、街を歩くのもいいでしょう。英語の勉強に成功して、日本と世界を行き来して仕事するような毎日を思い描くのもいいでしょう。

イメージは突飛なものでもかまいません。

「うまくいった未来の場面を想像するのが難しいのですが……」

そう言われることが時々あります。

そこで、未来をイメージするためのコツについてお伝えしていきます。実は、イメージにも2種類あるのです。「臨場」イメージと「俯瞰（ふかん）」イメージです。

「臨場」イメージとは、理想の状態をリアルに想像し、その場面にどっぷりとつかることで得られるイメージです。

「俯瞰」イメージとは、理想の状態にどっぷりつかっている自分を、もう一人の自分が見ている感覚です。ちょっと上から眺め、客観的・第三者の立場でみたときに得られるイメージです。

未来の場面を味わうために想像するときは、「臨場」イメージが効果的です。その場面に実際にいるつもりになって、体を動かしたり、姿勢を変えたりすると、よりリアルにイメージすることができます。

具体的には、まず、最初に自分が達成している瞬間を想像したら、そのときに自分がとっているであろう「動き、姿勢、表情、呼吸」をしてみるのです。すると、どんな状況で、どんな場所で、周りにはどんなものがあって、どんな人たちに囲まれているかをイメージしやすくなります。

そして、その頭の中の映像を言語化するのです。

状況や場所、周りにどんな人やものがあるか、そのときどのような感情を感じているのかを声に出さず、心のなかで読み上げて描写してみてください。

たったこれだけで「続けられたらこうなる」という未来がリアルにイメージできるはずです。

■【ステップ②】味わいたい感情（感情のゴール）を書き出す

味わいたい場面をひとつ決めて、味わえる感情のゴールを書き出してみてください。

まず、味わいたいゴールの場面で、自分が思わず言っていそうなセリフから妄想してみましょう。

たとえば、

「やりきった！」

「いえ〜い」

「乾杯！」

「できた！」

「ホッとしたなあ」

「なんかいい感じ」

「ありがとう！」


など、抽象的なセリフでOKです。

さらにその場面で味わいたい感情を思いつくままに言葉にして書き出してみましょう。

たとえば、ワクワク、スッキリ、ほんわか、といった言葉でも、充実感、達成感、仲間との一体感といった言葉でもかまいません。

最後に、書き出したセリフや感情のなかで、自分でグッとくるもの、気分が上がるものを習慣化ノートの左ページの【味わいたい】に記入します。

■【ステップ③】感情のゴールをビジュアル化する

習慣化シートの右ページに大きなスペースがありますので、次はここを埋めましょう。

ここに「感情のゴール」（ビジュアル）をつくります。

感情のゴールシーンで、どんなシチュエーションにいるか、何を手に入れているかをビジュアル化します。

手描きで絵を描いても、写真を貼ってコラージュしてもＯＫ。

ここに描かれているものは、あなたにとってワクワクするもののはずです。

一番のおすすめは、手描きの絵です。実際に自分の手を動かして描くことで、楽しさはさらに高まります。

カラフルなペンを使って、「場面」を楽しく描きましょう。どんな場所で、どんな人がいて、どんなセリフが聞こえるかも書き加えるとよいでしょう。

ビジュアル化といわれても、そこまで具体的に描けないよ、と思われる方もいるかもしれません。

手を動かしているうちに、イメージがはっきりしてくることもあるので、まずは手を動かして絵を描いてみましょう。

■【ステップ④】感情のゴールを味わう日付を記入する

あなたは何カ月後に、「その場面」を味わいたいですか？

1カ月後？　3カ月後？　6カ月後？　すべてが順調にいったときを想像してください。

ここでは具体的な手段を考える必要はありません。計算をする必要もありません。たとえばダイエットの場合、「運動と食事で毎日○キロカロリーずつ減らしていけば、○カ月後には○キロ痩せられる」といった計算はしないようにしてください。**「なんとなく」**でいいのです。

いい気分で楽しくダイエットを続けられたら、となんとなく妄想したら「3カ月後にはもしかしたらそうなれちゃうかも」と思えたら、3カ月後の日付を書いてください。

■【ステップ⑤】味わいたくなる

もし習慣化していなかったら、味わうであろう最悪の状況や感情を想定して、習慣化シートの左ページの左下にあるスペースに、文字で書いていきましょう。

ここでは感情だけでなく、シチュエーションを書いてもかまいません。

・このまま太り続け、異性にも相手にされなくなり、孤独に生きていく
・早起きができずに、会社からダメ社員の烙印《らくいん》を押され、数年後リストラされる

など、少しオーバーに、考えるといいでしょう。実際、やらなければ、どうなるのか、習慣化できない未来に何が待っているかを書き出してください。

■【ステップ⑥】10秒でできるアクションを5つリストアップする

さらに、習慣化シートの右ページに描いた感情のゴールを実現するための10秒でできる、具体的な行動をリストアップしましょう。

まずは5つ思いつくものを、書き出してみてください。

仮に5つ以上になったとしてもかまいません。

■【ステップ⑦】10秒でできるアクションを3つに絞る

最後に、書き出した10秒アクションから、3つ選びます。
リストアップしたものは、順序ややるべきこと、難易度もバラバラのはずです。
そこから3つに絞り込むのです。絞り込むポイントは、

・10秒で完了できること
・どこにいても、どんな状況でもできること
・次のアクションのトリガー（引き金）になること

この3つを基準にして、習慣化シートの左ページの10秒アクションリストの欄に書いてみてください。

「習慣化シート」の記入例

「習慣化シート」のつくり方や留意点を読んで、おおよそのポイントはつかんでいただけたと思います。

次に、実際の記入例を３つ紹介します。

３つの記入例を見たあと、いよいよみなさんに「習慣化シート」を作成してもらいますので、「こんな記入の仕方があるんだな」とか「こんなに簡単な絵でいいんだな（笑）」など、参考にできそうなところを意識して見てみてください。

■Aさん：「毎日30分のジョギングを続けたい」↓124ページ

味わいたい場面：ホノルルマラソンで完走！　完走後に仲間と乾杯！

感情のゴール：やりきった！　持てる力を出し切ってゴールできた！

やったあ、自分でもマラソン完走できたー！

感情のゴールをビジュアル化：ホノルルマラソン完走のゴールテープを切っている。

■Bさん：「自分の部屋を片づけたい」↓126ページ

味わいたい場面：仕事から帰ってきたら、ゆったりくつろげる部屋。大好きなドラマシリーズのDVDを見ながら、アロマを炊いて、ゆっくりお酒を楽しむ。

感情のゴール：あー、やっぱり自分の家っていいな、くつろげるな。

感情のゴールをビジュアル化：大好きなアメリカドラマの主人公のキレイな部屋。

■Cさん：「英語を勉強する」↓128ページ

味わいたい場面：海外で研修の講師をする。英語ですらすら話せ、英語での質問にも堂々と答える自分。

感情のゴール：言葉が変わっても伝わるんだ！　今自分が持てるすべてを出し切った！　参加者の笑顔が最高‼

感情のゴールをビジュアル化：研修の最後にみんなでハイタッチしているシーン。

記入例は、参考になりましたか？

それでは、あなた自身の「習慣化シート」を実際につくってみましょう！

Ａ４用紙やノートもしくは、巻末特典からシートをダウンロードしたものに書き込んでみてください。

20XX 年○月△日

感情のゴールのビジュアル化

Aさんの記入例
毎日30分のジョギングを続けたい

10秒アクションリスト

- ジョギングシューズをはいて、家の外に出る
- その場でもも上げダッシュ
- 走るときに聴いているテーマソングをかける

【味わいたくない】
もし習慣化できなかったら、
どんなことになる？

- せっかくホノルルまで行ったのに、途中で膝が痛くなって棄権
- 自力で歩けずに、帰国までホテルの部屋で寝て過ごす
- 「わざわざハワイまで来たのに、どうしてこうなっちゃたんだろう。観光もしたかったな」

【味わいたい】
もし習慣化できたら、
どんないいことがある？

- ホノルルマラソン完走！
- 完走後に仲間と乾杯！
  やりきった！
- 持てる力を出し切ってゴールできた！

20XX年○月△日

感情のゴールのビジュアル化

Bさんの記入例
自分の部屋を片づけたい

10秒アクションリスト

- ダイニングテーブルの上を片づける
- 窓を開けて、空気を入れ替える
- 通勤バッグに入っているいらないものを捨てる

【味わいたくない】

もし習慣化できなかったら、
どんなことになる？

- 友人が急に遊びにきたけれど、あまりに散らかっていて、ドン引きされる
- 大事な書類が見つからなくて遅刻。やっと見つかったと思ったらくしゃくしゃになっていた
- お気に入りの服が行方不明。見つかったがボロボロで着れない

【味わいたい】

もし習慣化できたら、
どんないいことがある？

- あー、やっぱり自分の家っていいな。くつろげるな
- 整理整頓されていて機能的！
- 家に帰ってくつろぐの楽しみ
- スッキリ片づいていて居心地がいい

20XX 年○月△日

感情のゴールのビジュアル化

Cさんの記入例
英語を勉強する

10秒アクションリスト

- 英会話CDの音声を流す
- 英語で10秒話してみる
- インターネットで英語のニュースを読む

【味わいたくない】
もし習慣化できなかったら、
どんなことになる？

- 研修で自分の英語が通じない質問に英語で答えられない
- 背中に冷や汗をかきながら、ホワイトボードに図や絵をかいて、必死に説明している
- 「あーこんなことならもっと英語を勉強しておけばよかった……」と後悔する

【味わいたい】
もし習慣化できたら、
どんないいことがある？

- 英語での企業研修の講師としてすらすら話せ、英語での質問にも堂々と答えられる
- 言葉が変わっても伝わる！
- 参加者の笑顔が最高！

第5章

一冊のノートで人生を変えられる理由

毎朝1分間の未来アンカリング

習慣化ノートは、「習慣化シート」と「三日坊主シート」から構成されています。「習慣化シート」が完成したら、次の3ステップを行います。

【ステップI】毎朝30秒、「習慣シート」で未来を味わう
【ステップII】10秒アクションを実際に行う
【ステップIII】20秒で「三日坊主シート」に記入する

たったこれだけです。習慣化シートには、あなたが本当に実現したい感情のゴールに基づいたものであり、10秒間ですぐにできるアクションが書かれています。

面倒に感じることでも、難しく感じることでもないはずです。

あなたの行動を後押しする感情のパワーを使うことができるので、どんどん行動が加速化し、習慣化されていきます。

【ステップ1】毎朝30秒、「習慣化シート」で味わう

それでは、あなたが前章で作成した習慣化シートを使って、感情を味わっていきましょう。

「でも味わうって具体的にどうすればいいの？」

と思われたかもしれません。

やり方は簡単。「味わいたい！」という場面について、３つの声のうち「心の声」を聞くのです。

「頭の声」とは、普段考えていることです。思考のことであり、「理屈」ともいいます。「～しなければならない」という声、義務感、責任感ともいいます。

「体の声」とは、暑い、寒い、眠い、お腹がすいた、喉《のど》が渇いた、腰が痛いなどの体の状態・コンディション、と捉えてみてください。

そして「心の声」とは、気持ち・感情であり、欲求（～したい）という気持ちです。

特に、心の声を味わうと、行動しやすくなります。
その理由は、人は考えるよりも、感じたことのほうが行動できるからです。
心の声をまずは受け取りましょう。

習慣化シートを眺めてみてください。そして、ゴールを達成したときの感情を味わいましょう。そして次のように問いかけてください。

ゴールを達成したとき「心の声」は、どんなことを味わっている？

「心の声」を具体化する質問
ゴールを達成したときどんな表情？　どんな気持ち？　ひと言で表現すると？

感情×行動が、「続けられる自分」に変えてくれる

前章で作成した習慣化シートはあくまでも、感情のゴールを設定するものであり、30秒味わうための手段です。

ですから、習慣化シートを作成しただけでは、習慣化できません。ノートを毎日使うことで本当に手に入れたいものにフォーカスし、感情を味わえるのです。しかし、それだけではまだ足りません。

それに加えて行動が必要なのです。

どれだけ習慣化シートをしっかり書き、感情が盛り上がったとしても、最後の「行動」が抜け落ちれば、絵に描いた餅で終わってしまいます。

あなたもこれまで、その時はやる気に満ちて盛り上がったけど、結局、何もしなかったという経験があるのではないでしょうか。

セミナーに参加して、刺激を受けて**「よし！　今日から変わるぞ」**と思ったけれ

ど、結局変われなかったということも。

成功者の伝記を読んだり、成功者のドキュメンタリーを見たりして、「オレも頑張ろう」と思ったけど、時間が経つにつれてその気持ちが消えてしまって、何も変わらなかった。

その原因は、**「熱が冷めたから」「日常に戻ったから」**ではありません。


すぐに行動に移さなかったからです。


感情を味わいつくしたら、すぐに何かしらの「行動」に移すことがとても重要なのです。

「鉄は熱いうちに打て」ということわざにもあるとおり、感情を味わいつくして、本当にやりたいと思ったときにこそ、すぐに「行動」することで、現実が少しずつ動いていくのです。

未来アンカリングは、この行動のサイクルを生み出すものなのです。

【ステップⅡ】10秒アクションを実際に行う

毎朝30秒、味わったあとに、10秒アクションを実行します。この「30秒味わう」と「10秒アクション」は、2つで1セットです。

習慣化ノートは効果的ですが、眺めて味わっているだけで満足しがちです。ですが、それだけでは意味がありません。しっかり味わったら、必ず10秒アクションを行いましょう。

「10秒アクション」は、習慣化シートに書いた3つのうちからひとつ選び、実行するだけです。10秒アクションの内容は、1日ごとに変更するのではなく、一度選んだら3日連続で行います。

毎朝行うことを推奨していますが、もしも、やり忘れたら、気がついたときに10秒アクションを行ってください。

3つあるうち、どうやって10秒アクションを選ぶかですが、その日のコンディシヨン（体調・気分）、状況に応じて、「できそうなもの」「やりたいもの」「効果的なもの」をひとつ選ぶようにしましょう。

そのとき「まずは10秒やってみる。10秒でやめてもいいし、10秒以上続けてもいい」と考えてみてください。

10秒アクションのいいところは、

「すぐに、簡単にできる」

ことです。

これまで何をやっても続かなかった人が、いきなり大変なこと、少し難易度が高いものを行うと、うまくいかないことが多いです。

それは、たとえばダイエットのためにランニングを習慣にしようとして、つらいほどバテバテになるまで走ると、次にやるときにハードルが高くなるためです。

なぜ、「10秒」アクションなのか？

なぜ、習慣化するのに「10秒」なのでしょうか。それは、５つ理由があります。

①やらない理由・続かない言い訳をつぶせる

「面倒くさい」、「しんどい」、「難しくてできない」……などと、思ったことはありませんか。

さらに、**「時間やお金がないからできない」、「自信がないからできない」、「ちゃんとできそうにないからやらない」、「続けられそうにないからやらない」、「ちゃんと準備できてないからやらない」、「失敗したらどうしようと思うと不安でできない」**……、などと、やらない理由を考えたことはありませんか。

人は続けようとする努力より、続けない言い訳をみつける天才です。

しかし、本当の理由は、「行動のハードルが高く、面倒くさいから」です。

「行動のハードル」が高いと、どんな方法を使おうとも、必ず面倒くさいと感じ、挫折してしまうのです。

だから、「10秒アクション」なのです。

10秒なら誰でもできるし、続けられます。行動のハードルが低ければ、面倒くさいと思う可能性がなくなります。

②必ず成功する

私のおすすめする10秒アクションは、壮大なことでなくても、自分で決めたことをやれたら「成功」としています。絶対に成功することは、実は行動を習慣化する上でとても大切なポイントになります。

なぜなら、小さな失敗は、次の挫折を生みますが、小さな成功体験を積み重ねていくことは、行動と習慣化に必要な自信をつけることにつながるからです。

「たった10秒だけどできた！」

「10秒だけど続けられている！」

という体験が着実に自信に変わり、ワクワクしながら自然と続けられるようになるのです。

③簡単にやり直しがきく

行動や習慣化において、計画倒れになったり、夢や目標にそったものではなかったりすると、案外ダメージを受けます。これが積み重なると、**「自分はダメな人だ」「意志の弱い人間だ」**と自分を責め始めるのです。

10秒アクションがいいのは、「ちょっと違うな」と思ったら、気軽に軌道修正できるところ。これが30分や一時間だと、なかなかやり直しがきかないので、やる前に**「本当にそのアクションでいいのか」「ちゃんと成果が出るのか」**などと、毎回慎重に考える状況をつくれるのです。

④自信がつく

人が自信がつくのは、大きなこと・すごいことを達成したとき、あるいはものすごく我慢して何かをやりきったときだけではありません。

自信がつくのは、実は結果や行動の大きさとは関係がありません。

どんなに小さいことでもいいから、「自分で決めて」「行動して」「できた」という経験・実感の回数が自信をつくるのです。

10秒アクションでの成功を繰り返すと、確固たる自信がついてきます。自分でやると決めたことを、小さなことでも実行し、成功体験を味わうことを繰り返すことで自信は育つのです。

そうすることで、「何をやってもうまくいかない」と思っている自分から、「**うまくやれる」「なんとかすることができる**」自分になります。

⑤次のアクションのトリガーにもなる

10秒やってみると、さらにやりたくなります。

もちろん、10秒アクションですから、10秒で終わっていいのです。

ですが、ほとんどの人が10秒行動をしたら、それだけでは終わらずに、さらにやっていってしまうということが起こるのです。

人は動き出したら、なかなか止まれないものです。

自転車を例にするとわかりやすいでしょう。ペダルをこぎ始めるときこそ力がいりますが、いったん動き出してしまうと、今度は止まることが困難になります。

これは「行動の慣性の法則」と言ってもいいでしょう。

たかが10秒、されど10秒なのです。

【ステップⅢ】20秒で「三日坊主シート」に記入する

習慣化ノートは、習慣化シートと三日坊主シートで構成されています。この三日坊主シートに書くのは3つだけ。

①日付

②10秒アクションの達成度（できたときは○、微妙なときは△、できなかったときは×）

三日坊主シート

10秒アクション
「シューズを履いて小走りする」

日付	マーク	一言コメント
1/18	○	走ったらアイデアがひらめいた
1/19	○	雨が降っていたから、家の中でもも上げした
1/20	○	5分走れた！

10秒アクション
「シューズを履いて外に出る」

日付	マーク	一言コメント
1/15	×	シューズを履き忘れた
1/16	○	シューズを履いて ゴミ捨てに行った
1/17	○	5分散歩できた

③一言コメント

この3つであれば、20秒で記入することができます。なお、10秒アクションの内容は、1日ごとに変更するのではなく、一度決めたら3日間は同じ10秒アクションを行います。

たとえば、毎日30分のジョギングをしたい場合、最初の三日坊主シートで行う10秒アクションとして「シューズを履いて外に出る」と設定します。あとは、3日間3つの項目についてメモ書きしていくだけです。

これで三日坊主シートの1ページが完了です。次の三日坊主シートを使う際に、10秒アクションをどうするか考えます。今のまま「シューズを履いて外に出る」でもいいのですが、簡単に続けられたので、次の三日坊主シートでは、10秒アクションのハードルを少し高くしました。「シューズを履いて、小走りする」です。あとは、3日間3つの項目についてメモ書きしていくだけです。

このように毎日たった20秒ですが、「三日坊主シート」にメモ書きすることで、着実に続けられるようになります。

「三日坊主シート」で設定する10秒アクションのコツ

三日坊主シートは、3日で1ページを使うので、気軽に三日坊主を繰り返すことで、自然と続けられる仕組みになっています。

さらに、必要に応じて、3日ごとに「10秒アクション」の内容を変えていくことができます。続けることが**「辛い、しんどい」**と感じるときは、ものすごく簡単な10秒アクションを設定します。逆に、マンネリ化してきたり飽きてきたときは、難易度の少し高い10秒アクションを設定します。

このように状況に応じて、3日ごとに柔軟に10秒アクションを設定することで、無理なく続けられるだけでなく、少しずつ行動の「質」をあげていくこともできるのです。結果、マンネリ化を防ぎつつ、最短で成果を出すこともできます。

第6章

「習慣化」を加速させる方法

習慣を加速化する方法① 10秒アクションのバージョンアップ

いかがでしたでしょうか。

ここまでで、「続けられない自分」を変える未来アンカリングは完成です。「習慣化ノート」を使って1日1分だけ実践すればいいのです。

さて、ここからはこの習慣を加速させていく方法についてお話ししていきます。

「習慣の加速化」とは、ある意味でレバレッジをかけるものです。

「続けられるようになったけれど、さらに次のステップに行きたい」と思われた方は、本章で紹介する習慣を加速化する3つの方法と7つのレベルアップを実践してみてください。

まずは、「10秒アクションのカスタマイズ」です。

未来アンカリングの10秒アクションは、簡単に実行できるので前述のとおりさまざまなメリットがあります。

ただし、習慣化がうまくいき始めると、最初に決めた3つの10秒アクションでは物足りなくなることがあります。これは、これまで続かなかったそれまでのあなたから、明らかに成長している証しでもあります。

行動というのは面白いもので、簡単すぎても、難しすぎても人はやらなくなります。

なぜなら、簡単すぎると退屈、面白くない、達成感がないと感じます。難しすぎると無力感や不安、苦痛を感じます。

どちらであっても続かないのです。

あなたが自分で決めた10秒アクションが簡単すぎたり、毎回同じで飽きてしまったりしたときは、自分にとってチャレンジングな10秒アクションを考えてみましょう。逆に、自分で決めた10秒アクションが思うように実行できないときは、さらに簡単にできる10秒アクションを考えてみましょう。

ポイントは、ちょっと頑張らないとできないレベルがちょうどいいのです。

習慣を加速化する方法② 10秒アクションを5分アクションにする

次におすすめする加速化する方法は、「10秒アクションを5分アクションにする」です。

今行っている10秒アクションをそのまま5分に延長するのでもいいですし、5分のアクションを新たに設定するのもいいでしょう。

どちらでもかまいませんが、10秒アクションが簡単にできるようになったら、続けたいことを5分一区切りで伸ばしていきましょう。

たとえば、10秒アクションで、ランニングを始めていた人は、本来10秒が過ぎたらいつやめてもいいわけです。

しかし、それを「10秒で始めて、5分走る」に変えるのです。

英語の勉強だとしても同じです。

毎日10秒アクションだけだったものを、「5分集中して勉強する」に変えましょう。


ただし、注意が必要です。

この5分にするのは、10秒アクションを続けられたあとです。たとえば、習慣化ノートの作成や30秒味わうことや、10秒アクションをやっていないのに、いきなり5分アクションを始めてしまうと、多くの場合、続かなくなってしまいます。

必ず未来アンカリングを実行し、それが続けられたら行ってください。


目安は1週間。

「習慣化ノートを毎朝50秒味わって、10秒アクションをする」を1週間続けてみてください。

1週間うまくできたら、今度は行動を5分アクションに変えてみましょう。

習慣を加速化する方法③アクションを5つのレベルに分ける

次の習慣を加速化する方法は、アクションプランに「5つのレベル（難易度）を設定する」ことです。

先ほど、「10秒アクションを5分に変える」と言いました。

しかし仮に、あなたが続けようとしている習慣が、時間に左右されないものだったらどうでしょう。

たとえば、「毎朝○時に起きる」「月に1冊本を読む」といった場合、5分という基準は当てはまらないと思ったはずです。

そこでこの加速法が効果を発揮します。

アクションプランを難易度別に5つに分けてみてください。

たとえば、英語の勉強なら、

レベル１：英単語を３個覚える
レベル２：構文を３個覚える
レベル３：リスニングＣＤを流して、５分聴く
レベル４：ＴＯＥＩＣ６００点向けの参考書を１ページ分読む
レベル５：ＴＯＥＩＣの過去問を１問解く

というように設定するのです。

すると、10秒アクションの選択肢が増えます。目標実現を加速化するための選択肢が少なすぎると、「これができないなら、自分はもうダメだ」となってしまうことがあります。ですが実際には、目標を実現するためのアプローチは複数あります。

習慣を加速化する上でも、挫折しないためにも、アクションプランは難易度別に５つに分けて、その日の気分や体調で、選んで行えばいいのです。

「続ける」ための7つのコツ

「習慣化ノート」を描き上げ、いざ「行動」を「習慣化」しようと思ってもなんだかスムーズにいかない、もっとレベルアップさせたい――これはよくあることです。なぜなら、「行動」を「習慣化」、さらに「夢や目標の実現」までには、いくつかの壁を乗り越える必要があるからです。そのポイントは、大きく分けて次のとおりです。

①なんとなく、夢や目標がしっくりこないので続けられない
②結局、三日坊主で終わってしまう
③急な予定や仕事に振り回されて、続かない
④途中で飽きてマンネリ化して、やめてしまう
⑤ある程度は続けられるけれど、モノになる前にやめてしまう
⑥悪習慣をやめたい

⑦夢や目標を加速実現させたい

そこで、「続ける」ための7つのコツを合わせてお伝えしていきます。

私が主催する行動イノベーションアカデミーで実際に取り入れ、特に効果の高かった方法を厳選しています。

ただし、これらのなかには、あなたに合うものと合わないものがあります。

ですから、あなたが「これは取り入れたい」と感じたものだけを、あなたにとって必要なタイミングに取り入れてみてください。

【続けるコツ①】「なんとなく、夢や目標がしっくりこないので続けられない」とき

■「仮決め、仮行動」でよしとする

「習慣化ノート」を描き終えワクワクして即行動開始、となるのがベストなのですが、はじめは「そもそもこれが、本当に続けたいことなのか悩む」「本当に自分が味わいたいことなのかわからない」「本当にこのやり方でいいのかな」「こんなことを続けるだけで変われるのかな」など、習慣化ノートは書いてみたものの、しっくりこないということもあります。

そんなときは「とりあえずこの感情のゴールに向かって動いてみよう」と思って、まずは気軽に「行動」を開始してみてください。私はこれを「仮決め、仮行動」と

呼んでいます。

「習慣化ノート」は、あくまでも仮のゴールです。それが自分にとって本物のゴールかどうかは、実は動いてみないとわからないのです。

少し「行動」してみて、自分の描いた「習慣化ノート」の内容がしっくりこないと感じたら、描き直せばいいのです。

まずは、気軽に、小さく動き出してみましょう。

■「一歩踏み出す」ためのマインドセット

何か新しいことに挑戦しようとして決意はしたものの、「結局はじめられない」「続けられない」ということはありませんか？

そんなときは、「ダメでもともと」だからやってみると考えてみると、意外にあっさり行動できることがあります。

どんなに馬鹿にされようと、「あなたには無理だ」と言われたとしても、可能性がゼロでないのなら、思いきってやってみる。

私自身、今でも「ダメモト」で日々挑戦中です。この10月から日刊メルマガを再開しましたが、書き溜めていません。どこまで続けられるか、ダメモトで「えいっ！」と、飛び込みました。

こけてもいい、擦りむいてもいい、悔しい思いをしてもいい、かっこ悪くてもいい。ダメモトで「えい！」と飛び込んだ先に新しい世界が待っています。

■「一歩踏み出した後」を知る

「えいっ！」と勇気をだして一歩踏み出した後にどうなるか知っていますか？

最初の一歩の後、挑戦している人であればあるほど、ある感情がわき起こることがあります。

それは、「希望!!」だったらいいのですが、そうではありません。

「不安」です。

「これでうまくいくのかな」
「やり方を間違えているかも」
「続けるのはしんどいな」
「また反対や批判をされるかも」

といった具合です。

せっかく最初の一歩を踏み出したのに「不安だからやらない」となってしまうときがあるのです。

不安に向き合いすぎると、せっかく最初の一歩を踏み出したのに、結局いつもと同じところに戻ってきてしまう。続けられないときというのは、不安に圧倒されてしまっただけということがあります。

でも、一歩踏み出した後の不安は「いい不安」だと、私は捉えています。それは、自ら挑戦したあとに起こる自然な流れです。

今までと違う領域に触れたからこそ、防衛反応として不安になったのです。こういうときは、不安を感じた後のリアクションをちょっと変えるだけで、続けられるようになります。

「不安だから、やめる」のではなく、「不安だから、もうちょっとやってみる」と捉えればいいのです。不安との付き合い方を少し変えるだけで 以前より続けられる自分になれます。

行動して起こる不安は、あなたが本当に変わる一歩手前であることを示してくれているサインです。今日からは、どうせ不安になるなら、何も行動しないで不安になるよりも、行動してから不安になりましょう。

■不安の正体

ところで、不安の正体について考えたことがありますか？

不安は、簡単に分類すると2つしかありません。「持ち越し苦労」と「取り越し苦労」のどちらかです。

持ち越し苦労派がうまくいかないときというのは、過去の失敗に足もとをすくわれているのです。取り越し苦労派がうまくいかないときというのは、未来への不安からフリーズするか、暴走してしまうときです。

持ち越し苦労は、記憶力のいい方、真面目な方が持ちやすいです。「また失敗するかもしれない」という恐怖、「どうしてあんな失敗をしたんだろう」という後悔、「やろうという気持ちはあっても体が動かない」という場合は持ち越し苦労が原因です。

取り越し苦労は、未来を先読みする力がある方、考えるのが得意な方が持ちやすいです。「こうなったらどうしよう」という未来への不安、「このままではまずいのでは」という焦り、「失敗したらどうしよう」という恐怖があったら取り越し苦労が原因です。

ちなみに、私は持ち越し苦労派で、妻は取り越し苦労派なので、夫婦二人で不安になると、過去も未来も真っ暗な気がしてどうしようもない暗闇におそわれます。

続けようと一歩踏み出した後に不安におそわれたときの解決策はどちらのタイプでも同じです。

「扉を閉じる」こと。

過去も未来も、一度遮断します。そして今だけを見る。「今、この瞬間」だけを生きることに集中するのです。目の前の一瞬一瞬の選択に集中し、10秒アクションから行動するということを繰り返していくと不安を感じる余裕がなくなります。

すると、結果的に「続けられる」ようになります。

■とにかく最初は小さく始める

「気持ちはワクワクしているのに、『行動』できないんです」という方もいらっしゃいます。その場合の特徴のひとつが「行動」をとても大きなものとして捉えている、ということです。

たとえば、今まで走ったことのない人が、いきなり毎日5キロ走ろうとしてしまい、なかなか始める決心がつかない——という状態は、これに当てはまります。

これは10秒アクションがうまくできていない証拠です。

もしもフルマラソンに完走して、充実感を得たいのだとしても、いきなり5キロ走るのではなく、極端にいえば初日は「ランニングシューズを履いて近所のコンビニまで歩く」でいいのです。

最初は10秒でできるアクションにしてください。

「絶対に成功する小さな行動」を意識しながら、毎日「行動」を積み重ねるといいでしょう。

私のセミナー参加者で、「自分のことを全然認められない」と悩んでいる方がいました。その方は、**「毎晩寝る前に、今日うまくできたことを3つ書くようにしたら、**

自然と自分を認められるようになりました」と話してくれました。

一方で、習慣化ノートを見たければワクワクしなかったときも、好条件が揃うのを待たずに10秒まず動くことで、やる気が追いかけてきてくれます。

10秒アクションは仕事でも活用しやすいです。「いいメソッドだけど、現場で使う余裕がない」ということは、企業研修などでよくあることです。そんなとき、「まずは10秒でいいので、明日実際にやってみてください」とお伝えします。すると**「10秒でいいならできそう」「10秒なら気軽に試せます」**と、実行率が格段に上がるのです。

脳科学的にも、側坐核《そくざかく》という部位がまず動くことで刺激されやる気スイッチが入ります。

ワクワクしていても、そうでなくても、まず10秒動くことで、続けられるようになります。ぜひ、10秒アクションを実践してみてください。

■「習慣化ノート」を見る回数を増やす

「『習慣化ノート』の内容自体はしっくりきているんですが、今まであまりワクワクするという感情を持つことがなかったので、ワクワクという気持ちがよくわかりません」という人がいます。

そういう人は、「習慣化ノート」を見る回数を増やしましょう。朝だけでなく、時間を見つけて目にするとよいでしょう。

また、その際にただ見るのではなく、思い切り笑顔をつくってみるようにしましょう。

なぜなら、態度や表情は感情に連動しているからです。人は、笑えば必ずワクワクしてくるからです。「人前でニコニコしながら紙を眺めるのはちょっと……」という人は、トイレなどの個室にこもって行うのもアリです。

ポイントは、思い切りの笑顔です。ぜひやってみてください。

■「結果」ではなく「行動」にフォーカスする

「習慣化できたらすごくワクワクするけど、本当にそこまでいけるのかな……」と「行動」しながら疑問を抱いたり、不安になったりすることがあります。

そういう段階では、「感情のゴール」は大切にしつつも「行動」に集中してみてください。

「これならゴールに行ける」と自分が感じられるまで、「行動」をするのです。

ある個人事業主の方と話していたときのことです。

「ブログをやっているんですが、イベントの参加者が思うように集まらなくて……」

……」というご相談を受けたことがあります。

「ブログはどれくらい更新しているのですか?」

と、その方に聞いてみました。

「そうですねえ、月に4〜5回といったところです」

さらに私は「イベントの告知は何回しましたか」と尋ねました。

「えーっと、1回です。あんまりしつこく告知するのはどうかと思って……」

詳しくお話を聞いてみると、実はそれほど行動していないことが多いのです。こういうときには「ブログの更新を増やして、告知も3回はしてみるのはどうでしょうか?」というお話をよくします。なぜなら、

・ブログの更新や告知 ＝ 自分でコントロールできる ＝ 行動
・参加者の数 ＝ 自分ではコントロールできない（参加するかどうかを決めるのは最終的には各人）＝ 結果

だからです。

ここで大事なのは、「自分でコントロールできることに意識を向ける」ということです。正直なところ、参加者の数がどうなるかはわかりません。けれども、「参加者の数が定員に達する確率を最大限まで引き上げる」ことはあなたの「行動」し

だいで可能なのです。

【続けるコツ②】「結局、三日坊主で終わってしまう」とき

■三日坊主を繰り返せばいい

ある習慣を「続ける」と決めて、数日間は自分が決めた通りに動けた。でも反動がきて、さぼってしまった。今回はなんとか「また切り替えて続けよう」と思えた。でも、三日坊主が繰り返されると自己嫌悪になりそうで怖い。というご相談をいただくことがあります。三日坊主に効く対策はあるのでしょうか。

私たちは、なにかを「続ける!」と決めると、なんだか急に「完璧に!」やりたくなるのです。そして、完璧にできない自分を知って、自信を失ったり、自己嫌悪に陥ったりする。これってもったいないです。

実際、毎日「続ける」ことが、意外に大変なときもあります。私自身、現在は「行動イノベーション365ネクストステージを目指す！ 行動のヒント」というメルマガを毎日お届けしていますが、そうなるまでに、何度も三日坊主を繰り返しました。

三日坊主で終わってしまったときの捉え方を変えたことで、続けられるようになったのです。

今までの習慣を変えて、3日間続けることができただけでも「前進した」と捉えることにしていました。

本当に続けたいことは、三日坊主でもいいので何度もチャレンジすればいいのです。

たとえ三日坊主になったとしても、いつもの惰性《だせい》でいくよりは、一度流れを変えられたのですからOKとしましょう。そして、三日坊主になったら、また翌日から三日坊主でいいので続けてみる。三日坊主も繰り返せばかなり効果があります。こうして、引き算ではなく、足し算で考えていくのが1つのコツです。

すると、1週間のうち半分以上はできていた、2週間のうち10日間はできていたということになります。徐々に、形成逆転していくわけです。

「完璧」を目指して挫折感を味わうよりは、「三日坊主」でもいいので、続けていくことであっさり変われることもあります。三日坊主を打破するポイントは、ちゃんと続けようとしなくてもいい。でも、挑戦し続けること。

■物差しのメモリを小さくして考える

たとえば、「感情のゴール」にもとづいて「今日は5キロ走ろう」と思って走り出したけれど、調子が出ずに2キロで終わってしまったとします。

そのとき、「今日は『行動』できなかった……」と思ってしまっていませんか?

もしもそう思うなら、あなたの物差しの目盛りは大きすぎます。

「5キロ走ったら成功」
「5キロ走らなかったら失敗」
という2つでしか測れていないからです。

そんなあなたは、自分自身のために、物差しの目盛りをもっと小さくしてあげてください。

たとえば、「ランニングシューズを履いた」「外へ出た」「歩かず走った」「100メートル走った」「1キロ走った」……などがすべて計測できるくらいに目盛りを小さくするのです。

すると、それまで、行動をしなかった、習慣化していなかった人が、外へ出たことは十分素晴らしいものとわかるようになります。

■あえて、ちゃんとやらない

「最後までやろう」「ちゃんとやろう」という気持ちで物事を行うと、なんだか力が入ったり、長く続けられなくなってしまいます。

そういう人は「頑張り体質」の傾向があるので要注意です。

「行動」前から力が入ってしまっている状態ではスムーズに始められません。たとえ始められたとしてもすぐに息切れしてしまいます。そのままの状態で続けようとすると、「want to」（やりたい）の気持ちで始めたはずなのに「have to」（やらなければ）に変わってしまうのです。

「頑張り体質」の人は、「最後までやらなくてもいい」「ちゃんとやらなくてもいい」という感覚を大事にしてください。

これは私のコーチングの師匠である平本あきお先生から教えていただきました。

今日の目標を「参考書を5ページ解く」と決めてスタートしても、気持ちの乗った状態のまま4ページで止めてみる。そんなふうにあえて「最後までやらない」日があってもいいのです。

「毎日机の上をキレイにしてから帰る」

と決めてスタートしたものの、今日は書類をそろえるだけで終わりにする。そんなふうにあえて「ちゃんとやらない」日があってもいいのです。

自分のハードルを低くして、「行動」しやすくしてあげる配慮をすると、行動が加速化し、習慣化がうまくいき始めると思います。

■「新しく身につけたい行動」は今の習慣にくっつける

新しい「行動」を定着させる上で難しいのが、忘れずに毎日行動することです。

たとえば「英語のフレーズを毎日3つ覚えたい」と思ったとします。

このとき、「これからは帰ってきたら、まず机に座って覚えよう」とすると、なかなかうまくいきません。

なぜなら、新たに時間を確保し、しかも「机に座る」と「英語のフレーズを覚える」という2つの「行動」を「習慣化」しようとしているからです。

けれども、「毎晩お風呂に入るから、湯船に浸かっているときにフレーズを覚えよう」としたらどうでしょうか。

お風呂はすでに「習慣化」されているので必ず入ります。そこに「新しい行動」をくっつけてしまうのです。そうすれば、「習慣化」に成功しやすくなるのです。

私のセミナーの参加者のなかに

「『通勤電車では読書しかしない』と決めたら読書が『習慣化』できました」

という人がいました。電車に乗るという「習慣」に「読書」という「新しい行動」をくっつけた好例です。

また、たとえば、ダイエットのために毎日1時間ジムで運動したいとします。このとき、帰り道の途中にあるジムに通うのと、帰り道から外れた場所にあるジムとでは、どちらが続けやすいと思いますか?

答えは明らかだと思います。帰り道から外れた場所にあるジムは、通うだけで多くの時間が必要です。生活動線のなかにジムがあるかないかは、非常に重要なのです。

毎日必ずする行動に、新しく続けたい行動をトッピングする感じです。最初は違和感がありますがそればかりを1週間、2週間と続けていくと、無意識に、スクワットしていたり、電車では本を読んでいたり、帰宅後日記を書くということが当たり前になっていたりします。

「新しい行動」を、あなたの今までの「日常」のなかに落とし込み、できる限りスムーズに始められるようにしましょう。

■視覚効果を活用する

三日坊主の原因の1つに、**「行動自体は、比較的簡単だけどつい忘れてしまう」**ということがあります。そんなときは、視覚効果を活用しましょう。

具体的には、自分の行動動線をチェックして、あなたの視覚に入るところに、続けたいことに関連するモノを「置く、貼る、飾る」のです。つまり、増やしたい習慣が強制的に目に入るようにするのです。

例えば、勉強したいのであれば、すぐに取り出せるように参考書を机の上に出しておく。楽器の練習をしたいのであれば、楽器をしまい込まずにリビングに飾る。習慣化ノートを書くのを忘れないようしたいのであれば、スマホや携帯、いつも使うパソコンの横に置くなどです。

人間の脳が、視界から得る情報の割合は83％というデータがあるくらい、視覚には行動に対する影響力があります。つまり、視界に入るようにしておくだけで、三日坊主を防げる可能性が高まるのです。

【続けるコツ③】「急な予定や仕事に振り回されて、続かない」とき

■「自分アポ」を入れる

「続けたいけれど、残業や親戚付き合いなど急な予定が入ると、どうしても時間を確保できない」「やろう、やろうと思うんですが、予定がどんどん入ってしまって……」「会社や他人に迷惑がかかるものは、すぐできるのに、自分が自分のために続けようと決めたことはなぜか、守れない」

というタイプの方におすすめなのが「自分アポ」です。

ところで、「あなたにとって大切な人は？」と聞かれたらどんな人の顔が浮かびますか？

恩師、親友、仕事のパートナー、お客さん、伴侶、恋人、親、子ども……

もし、あなたにとって「大切な人」との約束だったとしたら、締め切りを過ぎたり結局やらない、ということは、起こりますか？

「大切な人」との約束は、真っ先に、スケジュール帳に書き込み多少無理をしてでも、約束を守るでしょう。もし、約束を守れなかったとしても、すぐに、代替案を考えて実行するでしょう。

自分の夢や目標を実現するためにしたい！　やる！　続ける！　と決めたということは「自分と約束」したということです。

忙しくて時間に余裕がないから続けられないというのは、「他人との約束＞自分との約束」という図式になっています。つまり、他人との約束のほうが、自分との約束よりも優先順位が高いわけです。

もちろん、それが悪いというわけではありません。あなたの価値観にぴったりな考え方ならいいのです。

けれども**「本当は、週に何日かはランニングをしていい汗をかきたい」**、**「本当は、毎日30分はカフェで自分の好きな本をゆっくり読みたい」**、**「本当は、夜飲みを減らして体型をスリムにしたい」**といった思いがあるのならば話は別です。

もしも、そういう思いがあるならば、まずはその予定をスケジュールに書き込んでしまいましょう。他人からのアポと同等、いえむしろ自分のアポを最優先にしてスケジュールを組み立ててしまうのです。「自分との約束」はＶＩＰ扱いです。自分で、「これだけは譲れない」ということは、死守するのです。

月のはじめ、週のはじめなどに、あなたが絶対に確保したい時間を書き込んでみてください。そして、その時間であなたの望む「行動」を続けてみましょう。

それが、あなたの人生を向上させる「よい習慣」であればあるほど、不思議と困り事は起きないものです。ちなみに、自分との約束を守ると、誰からも褒めてはもらえません。でも、すごく清々しい気持ちを味わえます。なんだか自分で自分が誇らしくなったりもします。

「習慣化」は一度にひとつずつ行う

私のところに相談に来られる方のなかに

「やりたいことがたくさんありすぎて、逆に『行動』できない」

という人がいます。

こういった人は、たくさんのことを同時並行で行おうとする傾向があります。その気持ちはわからないではありません。

けれども、私たちの生活はすでに「何気ない行動習慣の束」で埋めつくされています。また、私たちの脳は「現状維持」を望む傾向にあり、「すぐに行動して続けられる人」の割合が4％ほどなのです。

それほど、「行動の習慣化」は難しいものです。

ですから、「習慣化」は一度にひとつずつ行うようにしましょう。「まずは、一点突破、のち全面展開」そんなイメージを持ちつつ、まずひとつ着手すると、打開策が見えてくることが多いです。

「習慣化」できたかどうかのひとつのメドは3週間です。ひとつの「新しい行動」を3週間続けられて、日常生活の一部としてしっくり馴染んだと感じたら、次の

「新しい行動」を開始してみましょう。

■プランABCを立てる

「感情をゴールに、その日のやることを決めましょう」と提案している本書ですが、ものごとは、必ずしも予定通り進むわけではありません。

たとえば、資格勉強を続けていて「この参考書を今週中に終わらせよう」と予定していても急な来客があったり、急な仕事が入ったり、家族の用事が入ったり、体調を崩したりして、予定通りできなかった……というのは誰でも一度は経験したことがあるでしょう。

あらかじめ、プランを1つだけではなく複数用意しておくことで予定通りに物事を運ぶことができます。

先ほどの資格の勉強でいえば、「資格試験まであと1カ月！ 今週は絶対に参考書を30ページ進めたい」と思っていたとします。そして、火曜日の夜と土曜日の夜に15ページずつやろうと決めていたとします。

ところが、火曜日の夜が急に残業になってしまった……、ということってありますよね。

どんな状況に陥っても「1週間で必ず30ページを終わらせる」ためには、プランを複数立てておく必要があるのです。

たとえば、

・プランA［理想的プラン］……火曜日の夜に15ページ、土曜日の夜に15ページ

⇦ **（でも、火曜日の夜に残業になるかも）**

・プランB［もしものプラン］……水〜金で5ページずつ、土曜日の夜に15ページ

⇦ **（でも、水〜金の夜のうち何日かは勉強する体力が残っていないかも）**

・プランC［もしも、もしものプラン］……水〜金のどこかで10ページ、土曜日の夜に15ページ、日曜日の夜に5ページ

といった具合です。

このように複数のプランをあらかじめたてることで「予定通り」にことを運ぶことができます。ちなみに、私も、日刊メルマガを続けるのに、プランAからプランDまで用意してあります。

プランA：朝6時から、メルマガを書く
プランB：朝出せなかったときは、お昼までを目安に書く
プランC：日中出せなかったときは、夜寝る前に書く
プランD：もしメルマガをだせなかったときは、翌日「何もなかったかのごとく普通に」メルマガを書く

いまのところ、一度だけプランB、あとはプランAで毎朝書くことができています。ですが、もし朝書けないことがあっても「昼や夜に書けばいい」し、もし出せない日があっても「次の日に出せばいい」と、あらかじめ決めているので、どんな状況になっても「予定通り」気楽に続けられます。

このようにプランを3つほど考えておくクセをつけてしまえば、「予定どおり進まない」という状況はかなりの確率で回避できます。

【続けるコツ④】「途中で飽きてマンネリ化して、やめてしまう」とき

■基準を上げる（締め切り、ゴールライン）

途中で飽きたり、なかだるみしたりするときがあります。

それは、「その『ゴール』が、すでにあなたに物足りないものになっている」からかもしれません。

たとえば、「1カ月に1冊、本を読む生活を送ろう」と思ってスタートし、2カ月続いたものの、3カ月後になんとなくやめてしまったとします。

やめてしまった理由として考えられるのは「1カ月に1冊、本を読む」というのが、今のあなたにとってレベルの低すぎるゴールである可能性があります。

つまり「簡単すぎて燃えない」のです。

この場合、どうすればいいのでしょうか。

もしも「本を読む」という「習慣」があなたにとってやはり大事だと再確認できるようなら、次のいずれかにトライしてみてください。

A） 締め切りを短くする

これまで「1カ月に1冊」と決めていたことを「2週間で1冊」にしてみます。そうすれば、一気に2倍の知識を得ることができます。「2週間で1冊」でも現実的だなと思ったら、思い切って「1週間に1冊」にしてみます。

締め切りまでの期間を3分の1、4分の1までぐっと縮めて同じ成果を出そうとすると、今までのやり方を根本的に変えなくてはいけなくなります。すると、いいアイデアが生まれてきます。

ちなみに、さまざまな場面でこれができるようになると、今までの生活に余白をつくることができるようになり、「新しい習慣」を導入しやすくなります。

B）ゴールラインを引き上げる

「行動」の難易度を引き上げるのもひとつの方法です。

たとえば、**「今までは1カ月に1冊、日本語のビジネス書を読んできたけれど、辞書を片手に、ドラッカーの本を原書で読んでみよう」**というのもアリです。

また、「行動」の質を上げるのもいいでしょう。

「今までは1カ月に1冊ビジネス書を読んできたけれど、その感想をブログに書いてみんなに伝えるところまでやってみよう」といった具合です。

何事もどんどんうまくなっていく人というのがいます。

そういった人たちは手応えをつかむと、締め切りを早めてゴールラインを引き上げ、自分自身を成長させる仕組みをつくるのが上手なのです。

ただし、ほかの方法と同様、この方法も合う・合わないがあります。「自分を楽しませる仕組み」のひとつと捉えて、上手に活用してください。

■「損失回避の法則」を使う

ある程度続けられるようになってくると、あまりに単調で、つまらなくなって、やめてしまうことがあります。いわゆるマンネリ化です。こんなときは、「元を取りたい」という人間の心理を活用すると、続けやすくなります。

これを専門的には「損失回避の法則」と呼びます。

「毎朝早起きして出社したい」と思い、早朝出社をしているとします。ところが、早朝出社に飽きてきてちょっときつくなってきてしまったとします。

そんなときに、自分に投資をしてみるのです。たとえば、とても音質のいいイヤホン。数万円もするので、普段の自分だったら買わないけれど、思い切って買ってしまうのです。

そして、「このイヤホンで毎日大好きな音楽を聴きながら出社するぞ。そして、バリバリ働いて成績を上げてイヤホン代を回収するぞ」と頑張るわけです。

あるいは、最初は毎日走っている自分に感動していたけれど、いつの間にかマンネリ化してやる気を失ってきたとします。

そんなときに、かっこいいランニングシューズを思い切って買ってしまいます。そして、**「よし、これだけ自分に投資したんだから続けるぞ」**と気合いを入れるのです。

いたずらにお金をつぎ込むのではなく、あなたの気分をすごく上げてくれるモノ・コトに投資するといいでしょう。

ダレてきた自分に大きな刺激を与えるひとつの方法です。

ぜひうまく使ってみてください。

■SNSなどを使ってオープンにする

マンネリ化の打開策の1つとして、SNSは効果的です。

というのもマンネリ化しているときというのは、気が緩みすぎているのです。私たちは、緊張しすぎても緩みすぎても、続けられないのです。理想は、適度な緊張。緊張が緩すぎる状態の人はプレッシャーをかければいいのです。

フェイスブックやライン、ツイッター、インスタグラムなどのSNSが素晴らしいのは、読んでくれた方からコメントが届くところです。そこで、「自分が到達したいゴールはこういうことです」と明記した上で、その活動の様子を報告してみるのです。

周囲の仲間から受ける圧力のことを「ピア・プレッシャー」といいます。この心理的プレッシャーは、良い影響を及ぼすことも、悪い影響を及ぼすこともあります。

続けられる人は、この心理的プレッシャーを前向きに活用します。「**まわりに宣**

言したから、頑張ろう」「友人、知人、仲間も応援してくれているのだから、今度こそ続けてみよう」と思うことで、自分に適度なプレッシャーを与えることができます。

また、ＳＮＳで「続ける宣言」をすることで、思わぬ副次的効果を得られることもあります。

「頑張ってね！」「応援するよ！」「私も、チャレンジ中だよ」などと、励ましや応援のメッセージが届くのです。友人・知人・仲間からのこういったメッセージは、意外に嬉しいですし、励みになります。こういったリアクションの一つひとつが、刺激となってマンネリ化を脱する力となります。

よい意味での「ピア・プレッシャー効果」を活用してみてください。

■「休日」を決める

ワクワクするはずの習慣が、なぜマンネリ化してしまうのかというとメリハリがないからかもしれません。**「休日」をしっかり決めていないからです。**

続けられるコツは、ハードルを低く、無理をしないことです。

だから、習慣化のために毎日やることを決めるのと同時に、「休日」を事前に決めておくことも大切です。

最初から「この日はやらない」と決めていれば、休んだからといってヘコむことも、きついと思うこともなくなります。

毎日続けることは、意外にハードルが高いと感じることもあります。

習慣化ノートは、1日1分とはいえ、毎日行うのがベストです。

しかし、それがハードルになると感じるようでしたら、最初から

「週末はやらない」

「日曜日はやらない」

と決めておけばいいのです。

少し休みを入れたほうが、ものごとがうまく運ぶこともあるのです。やり続けるというのは、それくらい大変なことですから。

先に「やらない日」を決めておけば、それだけでかなり心がラクになるはずですし、新しい習慣も続けられるようになるのです。

ときには、思い切って何もやらないと決断することも必要です。徹底的に休み、思い切りリフレッシュしましょう。気分が晴れたら、再開すればいいだけなのです。

【続けるコツ⑤】「ある程度は続けられるけれど、モノになる前にやめてしまう」とき

■背伸びしよう

「ある程度は続けられるけれど、モノになる前にやめてしまう」「いつも惜しいと

ころでやめてしまうので、結局何も続かなくて、中途半端」と悩まれる方もいます。

こういう方は、仕事や友人、家族にも恵まれ、経済的にも余裕があることが多く、一見すると悩みなどないように思われがちです。でも、本人は深刻に悩んでいたりするのです。

こういうときは、夢も目標も仕事も生活も人付き合いも全てが「無難」になっているのです。そんなときの打開策の1つが、「背伸び」してみること。

具体的には、「まず休日を極めてみる」ことをオススメします。

仕事がお休みの日の「ぶっとんだ目標」をたてることとです。「理想の休日」から気軽に描いてみましょう。趣味を極めてもいいし、休日は休息にあてているという方は寝具を極めてもいいのです。家族との時間を極めるのもありですし、休日に飲む一杯のコーヒーを極めてもいいのです。

休日にあなたがしていることの1つについて、徹底的に極めるためのぶっとんだ目標を考えてみてください。

「二科展で入賞！」「幻の魚を釣る」「本を出版する」「地元の神社全てを制覇する」「オンラインゲームでランキング入り」「ニューヨークでミュージカル鑑賞」「家族で富士山登頂」「本場でフラメンコのレッスンを受ける」「日本各地の焼き鳥を食べ歩き」など、どんな内容でもいいのです。

そのうえで、未来を先取りして「ちょっと背伸び」してみたらいい。

この「ちょっと」がポイントです。

芝居で役を演じるにせよ、資格取得にむけた努力にせよ、仕事で成果を出すにしても今から「違う人」になろうと努力をするというより、今の自分の良さも頼りなさも含めて受け入れたうえで「数センチだけ」背伸びしてみるのです。

「ちょっと」だけ背伸びすることで未来を先取りすると、中途半端グセから抜け出せます。

■「習慣化ノート」にワクワクする材料を付け足していく

いつも中途半端で終わってしまうという方は、「習慣化ノート」に描いたイメージを、さらに具体化していく材料を集めてみましょう。

たとえば、ダイエットに成功して、表参道ヒルズで2サイズ小さな服の試着をして、いい気分に浸りたいと思っているとします。表参道の並本道を紹介する映像などを見て、**「ああ、ここを歩いて表参道ヒルズのなかに入るのか」**と思ったりしてイメージを高めていくのです。

あるいは**「2サイズ小さな服を着てパリの街も歩きたいな」**と思ったら、パリの街並みの写真を集めてみるのもいいでしょう。

「習慣化ノート」はもちろんのこと、そのほかにもあなたの気分を上げてくれる写真、映像、音楽などを集めて、なるべく触れるようにしましょう。

■人の成功談を読む

いつも中途半端で終わってしまうという方は、「味わいたい！」をよりリアルに体感して気持ちをワクワクさせるために、誰かの成功談を読むというのもおすすめです。

特に注目して読むといいのは、**「成功したことで何が変わったか？」**ということ、いわゆるビフォー・アフターのアフター部分です。

たとえば、あなたが英語の勉強を「習慣化」させたいとします。その場合は、英語の勉強の「習慣化」に成功した人の体験談をインターネットなどで探し、読んでみましょう。

成功談には、おすすめの勉強法はもちろんのこと、そのほかにも

「英語を身につけたことで自信がついた」

「日本語での日常コミュニケーションもうまくなった」

など、あなたの「感情」が共感できるアフターが載っているはずです。そういったアフターに触れることで、あなたの心のワクワクは高まるはずです。

■いつもと違う時間、いつもと違う場所

ある程度は続けられるけれど、モノになる前にやめてしまいそうなときは、「いつもと違うことを1つ試してみる」ことをオススメします。

自分では「当たり前」と思っていたことが、実は、違う基準もあると知って、ビックリしたことは、ありませんか？

先日、島根出張のために、めったに乗らない始発電車に乗りました。朝4時台の電車に乗る人なんて、ごくわずかだろうから「きっと空いているはず！」と思っていました。

ところが、予想は裏切られました。駅のホームには普段と同じように、電車待ちをしている人がいました。さらに、かろうじて座れるくらいで、電車にはたくさんの乗客がいたのです。早朝勤務のお仕事や夜勤を終えた方、出張、遠距離通勤などの方が乗っていたのだと思います。

朝5時になる前から1日をスタートしている人が沢山いることに本当に驚きまし

た。朝6時からメルマガを書くのが当たり前になっていましたが、朝5時起きもありだなと思えてきました。

「朝5時台に仕事を始めるのが当たり前」の人ばかりいる場に身を置いただけで刺激を受け、自分の当たり前の基準が変わったわけです。

例えば散歩も、「あえて早朝」「あえて夕方」など意図的に時間をずらしてみると、いつもと違う人に会ったり、いつもと違う景色が見えたり、いつもと違う空気を味わえたりします。同じ場所なのに違う場所のように感じるときは、気づき、学び、変化の「はじまり」です。

続けられないのが当たり前、中途半端が当たり前、昨日と同じことの繰り返しが当たり前という「当たり前」ではなく、夢や目標を実現している「未来の自分が当たり前」にしている環境に身を置いてみることで、「当たり前」の基準もあっさり変えられます。

基準が上がれば、中途半端グセから抜け出せます。

■喜んでくれる人に意識を向ける

人は他人の喜びのために頑張ろうとするときに、一番大きな力を発揮できます。あなたが心から「味わいたい！」と願う「感情のゴール」の場面にいる人たちはどんな人たちですか。

その人たちのことを思い浮かべてみましょう。

たとえば、「怒鳴ったりせずに気分よく毎日を過ごしたい」と思っているとします。そんな過ごし方ができれば、あなたが穏やかで充実した気持ちになれるのはもちろんですが、あなたの周りの人たちが笑顔になれるはずです。もっとあなたと一緒にいたいと思うはずです。

あなたが「習慣化ノート」で描いたゴールに到達したら喜んでくれそうな人は誰でしょうか。

思い浮かべてみてください。

たとえば、フルマラソンを完走して最高の充実感を味わいたい、そのために3カ月間しっかりランニングの練習を続けたいとします。

あなたが完走したとき、あなたの成功を喜んでくれる人はいませんか？
あなたの周りに「頑張ったね」「すごいね」と言ってくれる人はいませんか？

その人たちのことを思い浮かべると、「感情」がワクワクしてくるはずです。

あなたの周りで喜んでくれる人を、ひとりでもいいので、思い浮かべてください。

さらに、心のなかで思い浮かべるだけでなく、実際に応援者になってもらうのもおすすめです。

たとえば、家族などに「自分がマラソンを完走したら、お祝いでおいしいものを食べに行こう」などと提案して、自分だけの喜びではなく、みんなの喜びにしてしまうのです。応援者になってもらうのは、家族や親友など自分の大切な人たちがいいでしょう。

人は、苦しい場面でほかの誰かのことを思うと頑張れます。

気持ちがくじけそうになっても「大事な人との約束を果たすぞ」と思うと、気力がわいてくるものなのです。

あなたのゴールは、あなただけのものではないはずです。その人たちの笑顔は、あなたがゴールにたどりつくことで生まれるのです。

【続けるコツ⑥】「本気でやめたい！ 悪い習慣」を変える

■「やめよう」がやめられない自分をつくる

身につけたい習慣をこれまでお伝えしましたが、本項では、「悪い習慣をやめる方法」について簡単に紹介します。

あなたには、やめたいのになかなかやめられない習慣がありませんか。

「飲み会になると記憶がとぶまでお酒を飲んでしまう」
「何度も禁煙にチャレンジしているけれど、やめられない」

「深夜の甘いものがやめられない」

「ダラダラとネットサーフィンを続けてしまう」

「自分に自信が持てず、ネガティブ思考になってしまう」


など、誰しも、やめたいのにやめられない悪習慣を抱えていると思います。

やめたいと思えば思うほど、なかなかやめられないのではないでしょうか。

やめられない理由は、

「ついついやってしまう」

「楽しい」

「やめるのが苦痛」


など、いくつも思い浮かぶはずです。しかし、本当は、

「やめたいことに意識をフォーカスするから、やめたくてもなかなかやめられない」

のです。

■一度身についた習慣は、いきなり消すことはできない

「やめたい」に意識をフォーカスすればするほど、やめたいことをやり続けてしまいます。

頭でどれだけ、やめようと思っても、心は「否定形」を理解できません。頭ではいくら逆方向にハンドルを切っているつもりでも、心はやめたいことにハンドルを切るだけで、そちらに進んでしまっているのです。

実は、一度身についた習慣は、いきなり消すことはできません。

では、どうすればいいか。

それは「新しい習慣をポーンと入れる」のです。

減らしたい習慣よりも、増やしたい習慣に意識することです。

先はどの例に挙げた人は、すべて私のお客様です。私は新しい習慣にフォーカスしてもらいました。

「飲み会になると記憶がとぶまでお酒を飲んでしまう」と悩んでいた方は、飲み会では生ビールを1杯飲んだ後は、瓶ビール1本、そのあとは烏龍茶という新しい習慣をつくったことで、楽しくお酒を飲めるようになりました。

「深夜の甘いものがやめられない」と悩んでいた方は、お菓子をまとめて買い置きせず、1つずつ買うのを習慣にしたことで、結果として食べすぎがなくなりました。

私がやめたいのにやめられなかった悪い習慣は、深夜にダラダラテレビを観てしまうことでした。気持ちがなんとなく落ち込んでいたり、やたらとハイテンションなときは、夜なかなか寝つけなくて、ダラダラとテレビを観ながら寝ていたのです。これだと、寝つきが悪いだけでなく、しっかり休まらず寝起きも悪いので、なんとかやめたいと悩んでいたのです。

しかし、「新しい習慣を加えればいい」ことに気がつき、それを実行しました。

「眠れないときはお笑い動画を見て、笑ってリフレッシュする」

という習慣を加えたのです。

それをするようになってからは、夜中にテレビを見続けることはなくなり、気持ちを自然と切り替えられて、しっかり眠れるようになったのです。

あなたがもし、やめたいのにやめられないことがあるのなら、「減らしたい習慣」よりも「新たに加えたい習慣」の優先順位を上位にしてみてください。

「やめたい」「やめよう」と思うより、続けたいことに注力しましょう。その結果、悪い習慣を減らしたり、やめたりすることができるはずです。

【続けるコツ⑦】夢や目標を加速実現させる方法

■本にするつもり、先生になるつもりで

「自分が体験したことを体系化して人に教えられるようになろう」と思うと、さらに高い意識で取り組むことができます。

たとえば、「ＴＯＥＩＣ４００点だった私が、たった３カ月で８００点取れた奇跡の学習法」などと自分で勝手にタイトルをつけてみます。そして、成功した暁《あかつき》には、先生としてほかの人に成功のメソッドを伝えるのです。

そうすると、

「どうすればうまくいき、逆にどうすればうまくいかないか」
「なんとなくではなく確実にうまくやるにはどうすればいいか」
「できるだけ簡単に成果を出す方法はないか」

を常にチェックするようになります。

さらに、先生として１冊の本を出すくらいの気持ちで取り組んでもいいでしょう。「ポイントはココ！」など特に強調したいことを整理しながら「行動」するクセがつき、どんどん「行動上手」になることができます。

ぜひ楽しみながらやってみてください。

■「緊急でないが重要なこと」をやる

「行動」を次々と「習慣化」できるようになった段階。それは、「自分の人生において本当に優先すべきことは何か」を考える段階です。

スティーブン・R・コヴィー博士は『７つの習慣』の「第３の習慣～最優先事項を優先する～」の章で「人間活動の４つの領域」を私たちに示してくれています。そして、そのなかでもっとも優先すべきは「緊急でないが重要なこと」だと教えてくれます。

ここに当てはまるのは、人間関係づくり、健康維持や自己啓発、仕事や勉強の準備や計画などだそうです。

こういった「緊急でないが重要なこと」は、「緊急なこと」があると後回しにされ、「重要でないこと」の楽しさに負けてしまうことがあります。

たとえば、夜のウォーキングは今の自分の健康状態を考えると最優先すべきことなのに、「仕事に追われてなかなか時間が取れない」といったことや、「人から誘われるとうれしくて飲みに行ってしまう」といったことが起こります。

「緊急でないが重要なこと」に手をつけやすいのは、いろんなことがうまくいっているときです。なぜなら、心に余裕があり、自分を客観視できるからです。

あなたにとって「緊急でないが重要なこと」は何でしょうか。

それを「習慣化」しようとしていますか。

この機会にぜひチェックしてみてください。

おわりに～「心の声によりそい」なりたい自分になる方法

先日パソコンの整理をしていたら、12年前のメールが目に飛び込んできました。

当時会社員だった私が、ある著者の方にあてた相談のメール。

その文面を読み、泣きました。

自分の能力的に独立は難しいと思っています。
でも欲をいえば、もっと魅力的な人、自分と価値観が共鳴する人たちと働きたい。
将来的には、人の相談にのったり、本を書いたり、セミナーを開きたい。
何か確たるものをつかんだ人、信念を持った人になりたい。

当時、独立起業ということは、夢のまた夢と思っていました。
仕事で特に目立った成果を出していない自分が、独立などできるはずがない。
独立しても、やっていけるはずがない、と思い込んでいたのです。
独立起業は「憧れ」でした。
今、あのとき「欲をいえば」と書いていたことは、すべてかなっています。

「心の声は実現する」のです。

「本音は実現する」のです。


ただし、大事なことがもうひとつあります。

それは、その心の声に「よりそい・未来をイメージしてみる」ということです。

私は、ごく普通の平凡な人間です。

そんな私が、「心の声」によりそい、心の声を素直に聞けるようになってから10年弱。現在は、こうして8冊の書籍を出版させていただき、本当に尊敬できるお客様、仲間に囲まれて仕事をさせていただいております。

「本気で変わりたい」と私なりに10年間、頑張って行動していたのに、どうして変われなかったのでしょうか。


それは、自分の「頭の声」ばかり聞いていたのです。

ものすごく焦っていたのです。

「このままでは、まずいから、何かしないと」
「もっと、会社で昇進しないと」
「お客さんからも評価されないと」
「変わらないと、自分がダメになってしまう」

そう思って、手当たりしだいに動くのですが、

「自分の資質的には、この会社でこれ以上認められるのは難しいな」
「今まで、仕事でなんの成果も出せていない自分が、ほかのことに挑戦したって、無理なんだろうな」

といった声が聞こえてきて、動けなくなっていたのです。

人には、「心の声」のほかに、「頭の声」と「体の声」があると私は考えています。

そして、この「頭」「体」「心」の3つの声によりそい、バランス良く受け止めることができたとき、私の人生は急に歯車が噛み合い出し、人生の流れが変わっていきました。

心の声の存在を知った私は、朝晩、自分に問いかけるようになりました。

「本当はどうしたい？」

最初は何もでてきませんでした。

でも諦めずに、自分に問いかけ続けました。

するとだんだんでてきました。

かすかですが、心の声が。

自分の内側にあるもの、その心の声によりそい、心の声に従って行動するとあっさり続くのです。

驚きでした。

だから、もっと自分の欲求・思いにわがままになっていい、ということです。

子供のころの素直な欲求を少しだけでも思い出すということです。

そして、思い出せたら、その心の声によりそってみてください。

「そう思ったんだね」「わかるよ」と。

心の声はまっすぐな声。その純粋な声によりそってあげてください。
「面倒くさい」というときもあると思います。
「こわい」と泣き言を言うときもあると思います。
「外で遊びたい」とわがままを言うときもあるかもしれません。

そんなときも否定するのでもなく肯定するのでもなく、
「そう思ったんだね」と心の声によりそってみてください。

面倒くさい、こわいなどということは、全然悪いことではないのです。
人だから、ときにはこわがったっていい。
びくびくしたっていい。
それは当たり前のこと。
その心の声によりそうこと、そして、恐怖心を感じつつも、果敢に立ち向かい、夢に向かって一歩前へ踏み出すこと。それが大事なのだと思います。

その際に本書でお伝えした習慣化ノートを活用して、エモーショナルハビットを確立していっていただきたいのです。

何か少しでも心がホカホカしたら、それは素敵なサインなのです。

最後に私の大好きなジェームズ・アレンの言葉で締めくくりたいと思います。

気高い夢を見ることです。
あなたは、あなたが夢みた人間になるでしょう。
あなたの理想は、あなたの未来を予言するものにほかなりません。

あとがき

自分の「心の声によりそう」。私が何よりも大事にしていることです。

自分の心によりそえたとき、深い安心感が生まれます。

その安心感から余裕を持って自然体で動いたとき、歴史が動きます。きっと。

あなただけの歴史、あなたしか歩めないオリジナルの人生が動き出します。


大切なことはいつもシンプルです。

私が心からお伝えしたい、たったひとつのこと。

それは、「よりそう」ということ。

自分の心の声、理想の未来の場面で、その感情を味わいたいという熱意によりそう、ということです。

心の声によりそうことで、自然と夢に向かう行動の人生が出現します。

最優先すべきは、心の声によりそい、真摯に耳を傾けること。そこから生まれるのは、後悔のない生涯です人は頭の声ばかり聞いて変わろうとしても結局は変わりません。でも、心の声によりそうことで人は変わるのです。


素直に受け入れる、素直に受け止めるということ。

自らの心の声によりそい、そして受け止めるということ。

自分の心の声を受け止め、共鳴し、そのひびきから自然と行動するということ。


そこから自分の本当の音色、本音が生まれます。

自分が自分の本音を素直に知ったとき、人は自ずと動くのだと感じています。そして行動が習慣に変わっていくのです。

私自身、心の声によりそい自然体で「夢に向かう行動の人生」を謳歌していけます！

変わろうとするより、よりそうこと。

自分の心の声によりそうこと。

「よりそう、そして、人は動き出す」のです。

最後に、本書を出版することができましたのは、ご縁をいただいたすべてのみなさまのおかげです。本当にありがとうございます。

そして、数ある書籍のなかで、この本を読んでくださった読者であるあなたに最大級のお礼を申し上げます。

よろしければあなたの率直な感想やご質問をお聞かせください。いただいた感想を一生懸命に読ませていただきます。感想はコチラのメールアドレスにご送信ください。近いうちに直接お会いできるのを心から楽しみにしております。

〈あて先〉info@a-i.asia
〈件名〉『「続けられる人」だけが人生を変えられる』感想

そして、学生時代から人生のパートナーであり、仕事でも最強のパートナーとして、毎日全力でサポートし続けてくれる妻、朝子。そして二人の息子、晃弘、達也。三人の愛する家族に本書を捧げます。

行きたい未来に指をさす！

行きたい未来に近づくために、夢や目標に向かって指を指し続け、良い習慣に囲まれながら仲間と協力して進んでいくことができる世界、自分の本音で自分の生き筋のど真ん中を堂々と闊歩する人が溢れる世界をつくっていくために、今日も一歩一歩小さな努力を続けていきます。

心の声によりそうことで、
ひとりでも多くの人が習慣を味方にした、自然体の日々を過ごせますように。

令和元年十二月　　大平信孝

■参考文献

『7つの習慣』スティーブン・R・コヴィー著　キング・ベアー出版／『第8の習慣』スティーブン・R・コヴィー著　キング・ベアー出版／『人生の意味の心理学』A・アドラー著　春秋社／『嫌われる勇気』岸見一郎・古賀史健著　ダイヤモンド社／『性格は変えられる』野田俊作著　創元社／『勇気づけの心理学』岩井俊憲著　金子書房／『結果を出す人の時間の考え方・使い方』小林一光著　明日香出版社／『成功するのに目標はいらない！』平本相武著　こう書房／『寝ている間も仕事が片づく超脳力』中井隆栄著　幻冬舎／『一生を変える小さなコツ』野澤卓央著　かんき出版／『「原因」と「結果」の法則』ジェームズ・アレン著　サンマーク出版／『自助論』サミュエル・スマイルズ著　三笠書房／『ケアの本質』ミルトン・メイヤロフ著　ゆみる出版／『アツイ　コトバ』杉村太郎著　中経出版／『イノベーションと企業家精神』P・F・ドラッカー著　ダイヤモンド社／『人生を変える80対20の法則』リチャード・コッチ著　阪急コミュニケーションズ／『ビジョナリーカンパニー2飛躍の法則』ジェームズ・C・コリンズ著　日経BP社／『地上最強の商人』オグ・マンディーノ著　日本経営合理化協会出版局／『結局、すぐやる人がすべてを手に入れる』藤由達藏著　青春出版社／『単純な脳、複雑な「私」』池谷裕二著　講談社／『本気で変わりたい人の行動イノベーション』大平信孝著　秀和システム／『今すぐ変わりたい人の行動イノベーション』大平信孝著　秀和システム／『「やめられる人」と「やめられない人」の習慣』大平信孝著　明日香出版社／『先延ばしは1冊のノートでなくなる』大平信孝著　大和書房／『たった1枚の紙で「続かない」「やりたくない」「自信がない」がなくなる』大平信孝著　大和書房／『ダラダラ気分を一瞬で変える　小さな習慣』大平信孝・大平朝子著　サンクチュアリ出版

読者特典

著者・大平信孝より

3大無料プレゼント

【特典1】「習慣化ノート」解説音声（18分）

「習慣化ノート」を実践するための最重要のコツを、著者自ら解説しました。
18分の音声で、「習慣化ノート」について理解し、実践できるようになります。

【特典2】オリジナル「習慣化シート」＆「三日坊主シート」

本書でご紹介している「習慣化シート」「三日坊主シート」のテンプレートをプレゼント。これを使うことで、あなたの「続けられない」もなくなること、間違いありません。

【特典3】「10日間メールコーチング」

あなたが決めた「キーハビット」を無理なく続けられるように毎朝のメールコーチでサポートします。毎朝、たった1分読むだけで、あなたも「続けられる人」にシフト！

▼▼▼URLから「3大特典」を無料ダウンロードできます！

https://resast.jp/subscribe/121082

青春文庫

「続《つづ》けられる人《ひと》」だけが人生《じんせい》を変《か》えられる

2020年1月20日　第1刷

著　者　大《おお》平《ひら》信《のぶ》孝《たか》

発行者　小澤源太郎

責任編集　株式会社プライム涌光

発行所　株式会社青春出版社

〒162-0056　東京都新宿区若松町12-1
電話　03-3203-2850（編集部）
03-3207-1916（営業部）
振替番号　00190-7-98602

印刷／中央精版印刷
製本／フォーネット社

ISBN 978-4-413-09745-1

万一、落丁、乱丁がありました節は、お取りかえします。